城市道路交通治理理念与策略

韩书君　编著

人民交通出版社股份有限公司
北　京

内 容 提 要

本书对城市道路交通治理的本质、原则、工具以及具体管理手段和措施等做了详细梳理，并结合国内外道路交通规划情况，对我国城市道路交通治理的未来发展前景做出展望。

本书可供城市道路交通的设计、管理部门人员和相关研究者阅读，也可供对城市道路交通管理感兴趣的广大读者阅读。

图书在版编目（CIP）数据

城市道路交通治理理念与策略 / 韩书君编著. — 北京：人民交通出版社股份有限公司，2020. 4

ISBN 978-7-114-16342-5

Ⅰ. ①城… Ⅱ. ①韩… Ⅲ. ①城市道路—交通运输管理—研究—中国 Ⅳ. ①U491-65

中国版本图书馆 CIP 数据核字（2020）第 028666 号

Chengshi Daolu Jiaotong Zhili Linian yu Celue

书　　名：城市道路交通治理理念与策略
著 作 者：韩书君
责任编辑：屈闻聪
责任校对：孙国靖　宋佳时
责任印制：刘高彤
出版发行：人民交通出版社股份有限公司
地　　址：（100011）北京市朝阳区安定门外外馆斜街 3 号
网　　址：http：//www. ccpress. com. cn
销售电话：（010） 59757973
总 经 销：人民交通出版社股份有限公司发行部
经　　销：各地新华书店
印　　刷：北京虎彩文化传播有限公司
开　　本：787 ×1092　1/16
印　　张：9
字　　数：196 千
版　　次：2020 年 4 月　第 1 版
印　　次：2020 年 4 月　第 1 次印刷
书　　号：ISBN 978-7-114-16342-5
定　　价：40. 00 元
（有印刷、装订质量问题的图书由本公司负责调换）

前言

亚里士多德说："人们为了活着，聚集于城市；为了活得更好居留于城市。"联合国人居组织发布的《伊斯坦布尔宣言》强调："我们的城市必须成为人类能够过上有尊严、健康、安全、幸福和充满希望的美满生活的地方。"城市，让生活更美好；交通，让城市更美好。美好的城市，离不开美好的交通；没有美好的交通，就不会有美好的城市。人民对美好城市的向往，是我们的前进方向；城市对美好交通的需求，是我们的奋斗目标。

当前，城市道路交通拥堵是世界城市通病。城市道路交通拥堵治理是世界难题。城市道路交通资源的稀缺性与道路交通产品的公共性之间的矛盾，决定了城市道路交通拥堵的必然性和绝对性，决定了不可能彻底根除当前城市交通拥堵问题。我们应具有更加务实的策略，学会与城市道路交通拥堵"和平共处""和谐相处"，遵循依法治理、安全第一、人民中心、效率效益、公平普惠、平衡协调、精致极致、绿色低碳、智慧创新、共建共治原则，运用法律、政策、标准、行政、经济、科技、信用、纪律、道德、文化治理工具，加强系统治理、依法治理、综合治理、源头治理，不断扩增量、优存量、控总量、调结构、转方式，努力保障城市道路交通的动态均衡，努力实现有序、顺畅、安全、舒适的治理目标，努力满足城市居民生产、生活对城市道路交通的总体需求，努力确保城市道路交通与城市经济社会发展协调互促。

城市道路交通拥堵是城市经济社会发展到一定阶段的"产物"，未来也必将随着城市经济社会高质量发展而逐渐"消亡"。随着城市建设不断演进，城市规划不断优化，科技应用不断创新，治理能力不断提升，未来的城市道路交通将更加人文舒适、创新智能、科学协调、绿色低碳、多元共享、智慧精准、便捷通达、集约高效、安全和谐，交通拥堵"城市病"必将逐步治愈，未来的城市和城市交通将会更加美好。

韩书君

2020 年 1 月

目录

第一章

城市道路交通和城市

交通是人类基本需求。城市交通是城市的动脉，是连接城市经济社会活动的重要纽带，是城市功能正常运转的基础保障，也是城市空间结构发展的基本支撑。交通的便利性，对于一座城市的崛起有着重要意义。从城市发展历史和实践看，交通是城市发展的主要动力，为城市社会发展带来生命力、消费力、创造力，决定着生产要素的流动、城镇体系的发展，甚至是城市的兴衰。

交通是城市的重要组成部分，城市交通与城市同步形成。城市发展，交通先行。城市交通对城市形态的影响巨大，对城市形态的生成、发展以及演进都起着重要作用。城市规划对城市交通也起到同样重要的塑造作用。城市的形成发展与城市交通的形成发展之间有着非常密切的关系，交通规划与土地使用规划应作为一个整体规划考虑。研究城市道路交通治理，必须首先追溯源头，梳理城市及其规划的历史，厘清城市规划的演进过程和城市交通发展脉络。

现代城市规划的发展基本经历了两个阶段：第一阶段从 19 世纪末霍华德的田园城市开始，经过 20 世纪 20～30 年代现代建筑运动的推进，以《雅典宪章》的诞生为代表；第二阶段自 20 世纪 60 年代开始，为了适应西方国家城市发展的巨大转型，以《马丘比丘宪章》的诞生为代表，建立了新的规划思想和方法。从现代城市规划发展历程看，现代城市规划理论都包含着城市交通相关内容，城市交通是城市规划无法回避的重要问题。[❶]

一、“田园城市”理论

第一次工业革命促进产业和人口向城市聚集，城市以前所未有的速度扩张。以 19 世纪后期“公共卫生改革”和“城市美化运动”为起源，规划者开始系统思考如何优化城市居民生活环境和城市建设模式。英国学者霍华德在 1898 年出版《明日：一条通向真正改革的和平道路》（再版更名为《明日的田园城市》）一书，提出用城乡一体的新社会结构形态来取代城乡分离的旧社会结构形态，应该建设兼有城市和乡村优点的理想城市——“田园城

❶ 参见张京祥编著《西方城市规划思想史纲》，东南大学出版社 2005 年 5 月版。吴志强、李德华主编《城市规划原理（第四版）》，中国建筑工业出版社 2010 年 9 月版。王建国主编《城市设计》，中国建筑工业出版社 2009 年 9 月版。中国城市规划设计研究所编著《城市发展规律——知与行》，中国建筑工业出版社 2016 年 11 月版。“360 百科”，https：//baike. so. com/。“百度百科”，https：//baike. baidu. com/。

市”（Garden City）。1919 年，英国“田园城市和城市规划协会”经与霍华德商议后，明确给出田园城市的定义：田园城市是为健康、生活以及产业而设计的城市，它的规模足以提供丰富的社会生活，但不应超过这一限度；它的四周要被永久性农业地带围绕，城市的土地归公众所有，由一个专业委员会掌管。田园城市实质上是城市和乡村的结合体，注重适度规模、城乡交融、社会管理。

霍华德对田园城市做了具体规划：田园城市平面图为圆形，中央是公园，有 6 条主干道从中心向外辐射，把城市分成 6 个区域；城市从内到外分布中心公园、公共建筑（如市政厅、音乐厅、剧院、图书馆、医院等）、居民区、带状绿地、居民区，城区最外圈为工厂、仓库和市场，由环形道路和铁路支线连接，交通非常方便。霍华德还设想了田园城市的群体组合模式：由 6 个单体田园城市围绕中心城市，构成城市组群，地理分布呈现行星体系特征，类似“中心城市”的“卫星城”。

霍华德于 1899 年组织田园城市协会，宣传他的主张。1903 年，他组织“田园城市有限公司”，筹措资金，在距伦敦 56 千米的地方购置土地，建立了第一座田园城市莱奇沃思（Letchworth）。1920 年又在距伦敦西北约 36 千米的韦林（Welwyn）开始建设第二座田园城市。田园城市的建立引起国际社会的重视，欧洲各地纷纷效仿，但多数只是借用“田园城市”的名称，实质上建立的是城郊的居住区。

二、“带形城市”理论

西班牙工程师 A. 索里亚·伊·马塔在 1882 年提出了“带形城市”（Linear City）设想。他认为有轨运输系统最为经济、便利和迅速，因此城市应沿着有轨交通线绵延地建设。这样的带形城市可将原有的城镇联系起来，组成城市网络，不仅便于城市居民接触自然，也能把文明设施带到乡村。

带形城市的规划原则是以交通干线作为城市布局的主要骨架；城市的生活用地和生产用地，平行地沿着交通干线布置。交通干线一般为汽车道路或铁路，也可以辅以河道。城市继续发展，可以沿着交通干线（纵向）不断延伸出去。带形城市由于横向宽度有一定限度，因此居民非常接近乡村和自然界。纵向延绵地发展，有利于市政设施的建设。带形城市也较容易避免由于城市规模扩大而过分集中，导致城市环境恶化。最理想的方案是沿着交通干线两侧进行建设，城市宽度 500 米，城市长度无限制。

苏联在 20 世纪 20 年代建设察里律（现名伏尔加格勒）时，采用了带形城市规划方案。城市的主要用地布置于铁路两侧，靠近铁路的是工业区。工业区的外侧是绿地，然后是生活居住用地。生活居住用地外侧则为农业地带。带形城市理论可以同其他布局结构形式结合应用，取长补短。几十年来，世界各国不少城市汲取带形城市的优点，在城市规划中部分应用或加以修正地运用。

三、“工业城市”理论

第二次工业革命促进汽车普及，新交通方式为城市带来新发展契机，规划师开始从空间功能划分角度考虑规划。法国建筑师戈涅在1917年出版的《工业城市》中，阐述了“工业城市”（Industrial City）的具体设想。这一设想的目的在于探讨现代城市在社会和技术进步的背景中的功能组织。

戈涅认为，城市的集聚本身是没有错的，但是必须遵守一定的秩序。在这个城市中，戈涅布置了一系列的工业部门，它们被安排在河口附近，下游有一条主干河道，便于进行水上运输。用地的选择尽量合乎工业部门的要求，这也是布置其他用地的先决条件。城市中的其他地区布置在一块日照条件良好的高地上，沿着一条通往工业区的道路展开。在工业区和居住区之间设立了一个铁路总站。在市中心布置大量的公共建筑。在市中心两侧布置居住区，居住区被划分为几个片区，每个片区内各设一个小学校。居住区内基本上是两层楼的独立式建筑，四面围绕着绿地。建筑地段不是封闭的，不设围墙，它们组成一个统一的建筑群体。

在整个城市规划中，戈涅将各类用地按照功能划分得非常明确，使它们各得其所，这是工业城市设想的一个最基本的思路。这一思想直接孕育了《雅典宪章》所提出的功能分区的原则，对于解决当时城市中工业居住混杂而带来的种种弊病具有积极的意义。

四、“邻里单元”理论

美国建筑师科拉伦斯·佩里1929年创建了“邻里单元”（Neighbourhood Unit）理论。创建邻里单元理论的目的是要在机动化交通开始发达的背景下，创造一个适合于居民生活、舒适安全、设施完善的居住社区环境。

佩里将邻里单元作为构成居住区乃至整个城市的细胞。邻里单元就是“一个组织家庭生活的社区计划”，因此这个计划不仅要包括住房和它们的环境，而且还要有相应的公共设施，这些设施至少要包括一所小学、零售商店和娱乐设施等。在佩里所处的快速机动化的时代，环境中的最重要问题是街道的安全，最好的解决办法就是建设道路系统来减少行人和机动车的交织和冲突，并且将机动车交通完全地安排在居住区之外。在同一邻里单元内部安排不同阶层的居民居住，增进相互理解和交流。

根据佩里的论述，邻里单元由6个要点构成：

（1）规模：一个居住单元应当提供满足一所小学的服务人口所需要的住房，它的实际面积则由它的人口密度所决定。

（2）边界：邻里单元应当以城市的主要交通干道为边界，这些道路应当足够宽，以满足交通通行的需要，避免机动车从居住单元内穿越。

（3）开放空间：应当提供小公园和娱乐空间，用来满足特定邻里的需要。

（4）机构用地：学校和其他机构的服务范围应当对应于邻里单位的界限，它们应该适当地围绕着一个中心或公用区域成组布置。

（5）地方商业：与服务人口相适应的一个或更多的商业区应当布置在邻里单元的周边，最好是处于道路交叉处或与相邻邻里的商业设施共同组成商业区。

（6）内部道路系统：邻里单位应当提供特别的道路系统，每一条道路都要与它可能需要承载的交通量相适应，整个街道网络要设计得便于单元内的运行，同时又能阻止过境交通。

五、城市集中主义“光辉城市”理论

法国建筑师勒·柯布西耶提出了城市集中主义，其主要思想体现在1922年出版的《明日城市》和1933年出版的《光辉城市》中，尤其是“光辉城市”（Radiant City）理论，其核心思想是通过全面改造城市地区，尤其是提高市中心区的密度来改善交通，提供充足的绿地、空间和阳光，以形成新的城市发展理念。柯布西耶还特别强调了城市建立现代化快速交通运输方式的重要性，在中心区规划了一个在地下、地面乃至空中交会的交通枢纽，将市区与郊区用地铁和铁路线连接起来。他提出的关于现代建筑和城市规划的思想在整个西方世界产生了持续而深远的影响，可谓是“现代城市规划的《圣经》”。

柯西布耶对体现高度功能理性的“集中主义城市”“光辉城市”做出如下设想：

（1）城市是必须集中的，只有集中的城市才有生命力。

（2）传统的城市由于规模的增长和市中心交通拥挤程度的加剧，已出现功能性的老朽，但市中心地区对各种事物都具有最大的聚合作用，因此需要通过技术的改造以完善它的集聚功能。

（3）交通拥挤的问题可以用提高道路密度来解决。就局部而论，采取大量的高层建筑的形式能实现很高的密度，同时在这些高层建筑周围又会腾出很多空地。高层建筑是他心目中现代社会的图腾，从技术上讲也是“适应人口集中趋势、避免用地紧张、提供充足的阳光与绿地、提高城市效率的一种极好手段”。

（4）集中主义城市并不是要求处处高度聚集发展，而主张通过用地分区来调整城市内部的密度分布，降低城市中心区的建筑密度与就业密度，使人流、车流合理地分布于整个城市。

（5）高密度发展的城市，必然需要一个新型、高效、立体化的城市交通系统来支撑。这种系统由铁路和人车完全分离的高架道路结合，布置在地面以上。

如果说霍华德是希望通过分散的手段来解决城市的空间与效率问题，那么柯布西耶则是希望通过大城市结构的重组，在人口进一步集中的基础上借助新技术手段来解决城市问题。霍华德是希望通过建设一组规模适度的城市（城镇群）来解决大城市模式可能出现的问题，遏制大城市或特大城市的出现；而柯布西耶则希望通过对既有大城市内部空间的集聚方式与功能的改造，使这些大城市或特大城市能够适应现代社会发展的需要。

六、城市分散主义“广亩城市”理论

美国建筑师F·L·赖特在1932年出版的《正在消失的城市》以及1935年发表的论文《广亩城市：一个新的社区规划》中，提出了“广亩城市”（Broadacre City）设想。莱特是一位纯粹的自然主义者，重视自然环境，努力实现人工环境与自然环境的结合。他反对大城市的集聚与专制，追求土地和资本的平民化，即人人享有资源，并通过新的技术（机动车、电话）来使人们回归自然，回到广袤的土地中去。他认为，随着机动车和电力工业的发展，已经没有必要把一切活动集中于城市，分散（包括住所和就业岗位）将成为未来城市规划的原则。

赖特认为现代城市不能适应现代生活的需要，也不能代表现代人类的愿望，是一种反民主的机制，因此，应该取消这类城市，尤其是大城市。在机动车和廉价电力遍布各处的时代里，已经没有将一切活动都集中于城市的必要，而最为需要的是让人们从城市中解脱出来，发展一种完全分散的、低密度的生活居住和就业相结合的新形式，这就是广亩城市。这实际上是一种“没有城市的城市”。在这种实质上是“反城市”的“城市”中，每一户周围都有1英亩（约合4046.86平方米）的土地来生产供自己消费的食物和蔬菜。居住区之间以高速公路相连接，提供方便的汽车交通。沿着这些公路建设公共设施，并将其自然地分布在为整个地区服务的商业中心之内。

赖特认为广亩城市是一种必然，是社会发展的不可避免的趋势：“美国不需要有人帮助建造广亩城市，它将自己建造，并且完全是随意的”。美国城市在20世纪60年代以后普遍的郊区化在相当程度上是赖特广亩城市思想的体现。但是，广亩城市是一种以机动车作为通勤工具支撑的美国式低密度蔓延、极度分散的城市发展模式，对大多数西方国家而言是无法模仿的，20世纪90年代以后更是被“新城市主义”支持者竭力反对。

七、《雅典宪章》

1933年8月，国际现代建筑协会（CIAM）第4次会议通过了关于城市规划理论和方法的纲领性文件——《城市规划大纲》，后来被称作《雅典宪章》（Charter of Athens）。《雅典宪章》提出了城市功能分区和以人为本的思想，集中反映了“现代建筑学派”，特别是法国勒·柯布西耶的观点。指出城市要与其周围影响地区作为一个整体来研究，城市规划的目的是保证居住、工作、游憩与交通四大功能活动的正常进行。《雅典宪章》诞生的背景是西方发达国家的工业革命已经发展到了顶峰，城市快速发展中的种种弊端（特别是空间环境、功能秩序等方面的问题）已经到了非解决不可的地步。《雅典宪章》提出的功能分区思想具有重要、深远意义。

《雅典宪章》认为，居住问题主要体现在以下几方面：人口密度过大、缺乏空地及绿化；生活环境质量差；房屋沿街建造，室内噪声大，日照不足；公共设施太少而且分布不合理等。因此《雅典宪章》建议住宅区要有绿带与交通道路隔离，不同的地段采用不同的人口密度标准。

《雅典宪章》认为，工作问题主要是由于工作地点在城市中无计划地布置，远离居住区，并因此造成了过分拥堵而集中的交通流。建议有计划地确定工业与居住用地的合理布局。

《雅典宪章》认为，游憩问题主要体现在大城市缺乏空地。城市绿地面积少而且位置不适中，无益于居住条件的改善。建议新建的居住区要多保留空地，在旧区增辟绿地，降低旧区的人口密度，并在市郊保留良好的风景地带。

《雅典宪章》认为，交通问题主要是由于城市道路大多是旧时代留下来的，宽度不够，交叉路口过多，未能按照功能进行分类。局部放宽、改造道路并不能解决问题，办公楼、商业服务、文化娱乐设施等过分集中，也是交通拥堵的重要原因。《雅典宪章》建议从整个道路系统的规划入手，按照车辆的行驶速度进行功能分类。

《雅典宪章》还提到，城市发展的过程中应该保留名胜古迹以及历史建筑。

最后，《雅典宪章》指出，城市的种种矛盾是由大工业生产方式的变化和土地私有而引起，城市应按全市人民的意志规划，其步骤为：在区域规划基础上，按居住、工作、游憩进行分区及平衡后，建立联系三者的交通网，并强调居住为城市主要因素。城市规划是一个三度空间科学，应考虑立体空间，并以国家法律的形式保证规划的实现。

八、"有机疏解"理论

芬兰建筑师伊里尔·沙里宁在1943年出版的《城市：它的发展、衰败和未来》中，针对大城市过分膨胀所带来的各种弊病，提出了"有机疏解"（Organic Decentralization）理论。沙里宁认为，城市与自然界的所有生物一样，都是有机的集合体。有机秩序的原则是大自然的基本规律，也应当是人类建筑的基本原则。

沙里宁认为，不应把重工业布置在城市中心，轻工业也应该疏散出去。当然，许多事业和城市行政管理部门必须设置在城市的中心位置。城市中心地区由于工业外迁而空出的大面积用地，应该用来增加绿地，而且也可供必须在城市中心地区工作的技术人员、行政管理人员、商业人员居住，让他们就近享受家庭生活。很大一部分事业，尤其是挤在城市中心地区的日常生活供应部门将随着城市中心的疏散，离开拥挤的中心地区。挤在城市中心地区的许多家庭也将疏散到新区去，得到更适合的居住环境。换一个角度讲，有机疏解就是把传统大城市那种拥挤在一起的土地利用形态，在合适的区域范围，分解成为若干个集中单元。

沙里宁将城市活动分为日常性活动和偶然性活动，应当把个人日常的生活和工作"日常活动"区域做集中的布置；不经常进行的"偶然活动"（例如看比赛和演出）的场所，不必拘泥于一定的位置，可做分散的布置。个人的日常生活应以步行为主，并应充分发挥现代交通手段的作用。这种理论还认为，并不是现代交通工具使城市陷于瘫痪，而是城市的结构组织不善，迫使在城市工作的人每天耗费大量时间、精力往返出行，造成城市交通拥堵。

九、《马丘比丘宪章》

随着西方社会环境的巨大变化，《雅典宪章》所制定的许多规划原则受到严峻挑战与冲击，迫切需要在城市规划的主体纲领方面进行重新思考。1977年12月，一些著名建筑师、规划师、学者和教授在秘鲁首都利马举行集会，以《雅典宪章》为出发点，讨论了20世纪30年代以来在城市规划和城市设计方面出现的新问题，以及城市规划和城市设计的思想、理论和观点，并签署了具有宣言性质的《马丘比丘宪章》（Charter of Machu Picchu）。

关于城市和区域，《马丘比丘宪章》指出，规划必须在不断发展的城市化过程中反映出城市与其周围区域之间基本的动态的统一性，规划过程必须对人类的各种需求做出解释和反应，它应该按照可能的经济条件和文化意义提供与人民的要求相适应的城市服务设施和城市形态。

关于功能分区，《马丘比丘宪章》认为不应当把城市当作一系列孤立的组成部分拼在一起，为了追求分区清楚而牺牲了城市的有机构成，而必须努力去创造一个综合的、多功能的环境。

关于住房问题，《马丘比丘宪章》认为人的相互作用与交往是城市存在的基本根据。城市规划与住房设计必须反映这一现实。重要的目标是要争取获得基本的生活质量以及实现与自然环境的协调。住房设计必须具有灵活性，以易于适应社会要求的变化。

关于城市交通，《马丘比丘宪章》认为公共交通是城市发展规划和城市增长的基本要素。城市必须规划并维护好公共运输系统，在城市建设要求与有限的能源之间取得平衡。《雅典宪章》44 年来的经验表明，在道路分类、增加车行道和设计各种交叉路口方案等方面根本不存在最理想的解决方法。因此将来城市交通的政策显然应当使私人汽车从属于公共运输系统的发展。

关于环境问题，《马丘比丘宪章》呼吁控制城市发展的主管部门采取紧急措施，阻止环境继续恶化，恢复生态环境的正常状态。

关于保护历史遗产和文物，《马丘比丘宪章》在强调保存和维护的同时，进一步提出要继承文化传统。

《马丘比丘宪章》在设计思想方面指出，现代建筑的主要任务是为人们创造合宜的生活空间，应强调的是内容而不是形式；不是着眼于孤立的建筑，而是追求建成环境的连续性，即建筑、城市、园林绿化的统一。

与《雅典宪章》相比，《马丘比丘宪章》呈现出从理性主义向社会文化主义思想基石的转变，从空间功能分割到城市系统整合思维方式的转变，从终极静态的思维方式向过程循环的思维方式转变，从精英规划观到公众规划观的转变。

十、“新城市主义”理论

“新城市主义”（New Urbanism）也称“新都市主义”，起源于20 世纪80 年代。1993 年在美国亚历山德里亚召开的第一届新城市主义大会，标志着“新城市主义”的正式确立及其理论体系的成熟。1996 年在美国南卡罗来纳州查尔斯顿召开的第4 次大会上通过了《新都市主义宪章》（Charter of New Urbanism）。核心人物是彼得·卡尔索普。

新城市主义有两大组成理论：传统邻里社区发展理论和公共交通主导开发理论。提倡创造和重建丰富多样的、适于步行的、紧凑的、混合使用的社区，对建筑环境进行重新整合，形成完善的都市、城镇、乡村和邻里单元。

（1）适宜步行的邻里环境。大多数日常需求都在离家或者工作地点步行 5 ~ 10 分钟的距离范围内完成。

（2）连通性。格网式相互连通的街道成网络结构分布，可以疏解交通。大多数街道都较窄，适宜步行。高质量的步行网络以及公共空间使得步行更舒适、愉快、有趣。

（3）功能混合。商店、办公楼、公寓、住宅、娱乐、教育设施混合在一起，邻里、街道和建筑内部实现功能混合。

（4）多样化的住宅。不同类型、使用期限、尺寸和价格的各类住宅集中在一起。

（5）高质量的建筑和城市设计。在社区内特别设置一些公共建筑和公共场所，通过人性化建筑结构和优雅的周边环境给人特别的精神享受。

（6）传统的邻里结构。可辨别的中心和边界，跨度限制在0.4 ~1.6 公里。

（7）高密度。更多的建筑、住宅、商店和服务设施集中在一起，鼓励步行，以便更加有效地利用资源和节约时间。

（8）精明的交通体系。高效的铁路网将城镇连接在一起。适宜步行的设计理念鼓励人们步行或使用自行车作为日常交通方式。

（9）可持续发展。社区的开发和运转对环境的影响降到最低程度。

（10）追求高生活质量。提高整个社区居民乃至整个人类社区的生活质量。

十一、城市“精明增长”理论

美国规划协会2000年联合60个公共团体组成了“美国精明增长联盟”，确定“精明增长”（Smart Growth）的核心内容是：用足城市存量空间，减少盲目扩张；加强对现有社区的重建，重新开发废弃、污染工业用地，以节约基础设施和公共服务成本；城市建设相对集中，密集组团，尽量拉近生活和就业单元之间的距离，减少基础设施、房屋建设和使用成本。目标是通过规划紧凑型社区，充分发挥已有基础设施的效力，提供更多样化的交通和住房选择来努力控制城市蔓延。

精明增长的原则是：土地的混合利用；通过自行车或步行能够便捷地到达任何商业、居住、娱乐、教育场所；建筑设计遵循紧凑原理；各社区应适合于步行；提供多样化的交通选择，保证步行、自行车和公共交通间的连通性；保护公共空间、农业用地、自然景观等；引导现有社区的发展，增加其效用，提高已开发土地和基础设施的利用率，降低城市边缘地区的发展压力。

精明增长的十大原理是：土地的混合使用；设计紧凑的住宅；能满足各种收入水平的居民需求的符合质量标准的住宅；适合步行的社区；具有自身特色，极具场所感和吸引力的社区；保护开敞空间、农田和自然景观以及重要的环境区域；强化已有社区；多种交通方式可供选择；城市增长的可预知性、公平性和低成本收益；公众参与。

梳理近代以来城市规划理论，都是专家学者针对不同时期、不同阶段的“城市病”，提出的系统解决思想、思路、方案、蓝图。这些理论无一例外地阐释论述了城市交通与城市发展存在既相互促进、又相互制约的“双向”互动关系，都将城市交通作为城市规划设计的重要内容，并与城市形态、城市结构、产业布局一体统筹，推动城市交通与城市土地利用协调发展，避免缺乏交通支撑的城市无序蔓延扩张。这些理论都对城市规划、城市设计、城市建设产生了重要影响，也对交通规划、交通政策、交通发展起到了重要推动作用，有力促进了城市交通与城市发展的共生、共融、共进。

从世界城市规划理论发展历史看，呈现出“5个趋势”：

（1）城市结构逐渐向多中心转变。无论是“田园城市”理论中的卫星城，“广亩城市”理论提出的城市分散化，还是“有机疏解”理论提出的工业外迁，都体现了单中心城市逐渐向多中心城市的转变。

（2）城市布局逐步向功能分区转变。无论是“工业城市”理论提出的功能分区，还是《雅典宪章》提出的功能划分，都体现了对城市不同功能用地进行分区规划设置的特点。

（3）城市功能逐渐向混合集中转变。无论是“邻里单元”理论中设计的邻里单位，“光

辉城市”理论提出的提高密度，“新城市主义”理论提出的功能混合，还是“精明增长”理论提出的土地混合使用，都呈现出城市功能布局不断聚合集中的趋势。

（4）城市规划思想逐渐向以人为本转变。无论是“邻里单元”理论提出的构建舒适安全社区环境，《雅典宪章》解决四大功能活动，“新城市主义”理论对建筑环境进行重新整合，还是“精明增长”理论规划紧凑型社区，都体现出城市为人设计、为生活规划的理念。

（5）城市交通逐渐向以公共交通为主转变。“广亩城市”以私人小汽车拓展城市的理念逐渐式微，《马丘比丘宪章》明确将公共交通作为城市发展规划和城市增长的基本要素，“新城市主义”提出构建以公共交通为主的精明交通体系，“精明增长”理论提出发展公共交通主导的有多种可供选择交通方式的交通系统，都呈现出城市交通以公共交通为主导的发展趋势。

第二章

城市道路交通治理的本质

当前，交通拥堵、出行难、停车难等“城市病”已经成为世界通病，在大城市中普遍存在，并导致了环境污染、城市噪声、能源浪费、时间消耗，严重影响了城市居民生活品质，严重制约了城市经济社会良性发展，已经成为亟待解决的严重社会问题。

一、城市道路交通问题的本质是交通供需不平衡

城市道路交通拥堵是城市经济社会发展的“产物”。在汽车发明之前，虽然伦敦、巴黎、纽约等城市一度出现了“马车拥堵”，但城市道路交通基本不存在问题。随着工业化、城市化的发展和汽车的发明，特别是随着私人小汽车的普及，城市规模的不断拓展，出现了“汽车社会”❶，城市道路交通拥堵问题逐渐显现并日益严重。第二次世界大战后至1970年，美国、欧洲和日本的经济处于持续发展阶段，各国政府为了刺激经济，鼓励小汽车购买使用，导致小汽车数量高速增长。由于交通设施的规模跟不上日益增长的交通需要，虽然各国修建了大量道路，但还是不可避免地出现了交通拥堵。从1970年开始到20世纪80年代中期，世界发生能源危机，工业发达国家经济发展速度逐渐放缓，客运和货运交通量迅速下降，城市交通拥堵一度有所减轻。20世纪80年代中期之后，随着世界经济开始复苏，特别是发展中国家“亚洲四小龙”，继工业发达国家之后经济增长势头强劲，时隔数十年，交通拥堵再次上演。受汽车产业政策刺激，在我国小汽车逐步进入家庭，“自行车王国”逐渐被“小汽车王国”替代，加上城市基础设施存在“历史欠账”，从2000年开始，各大城市逐渐开始出现交通拥堵，并且拥堵呈现由大城市向中小城市蔓延的趋势。

城市道路交通拥堵问题，本质上是由道路交通资源的稀缺性与道路交通产品的公共性之间的矛盾决定的。

---

❶ 汽车社会（Auto Society）是工业社会和经济发展到一定阶段，特别是轿车大规模进入家庭后出现的一种社会现象。汽车社会一词来自日语的“车社会”，日本专家于上世纪70年代提出了“汽车社会”一词，上世纪六七十年代以来，日本进入汽车普及年代后，发生了大量不同于以往时代的现象，人际关系急剧变化，社会节奏明显加快，日本专家将这种汽车普及带来的新的社会形态命名为汽车社会。在汽车社会里，汽车不仅仅是一种交通工具，它更是社会的组成部分，是人的空间属性的扩展和精神的延伸。汽车社会的来临是伴随着汽车大规模进入家庭开始的，按照国际标准，当每百户居民汽车拥有量达到20辆以上时，就进入汽车社会。参见“360百科”，https：//baike. so. com/。

1. 道路交通资源的稀缺性

道路交通拥堵本质上是道路资源不足造成的。如果道路交通资源无限供给，就不会存在交通拥堵问题。但城市规模是有限的，城市道路资源是有限的，城市道路容量也是有限的。相对于城市生产生活无限增长的交通需求，在一定时间与空间范围内，道路交通资源总是稀缺的。不可能将所有城市土地优先用于建设道路和停车设施，以满足不断增长的机动车行驶和停车的需求。相对不足的道路交通资源供给，与不断增长的机动车交通需求相比，必然存在较大供给缺口。正是由于道路供给与交通需求的严重失衡，决定了城市道路交通拥堵存在的必然性。

2. 道路交通产品的公共性

城市道路属于公共产品，属于“公地”。一些人对道路的消费不会影响另一些人对它的消费，具有非竞争性；某些人对道路的利用，不会排斥另一些人对它的利用，具有非排他性。交通参与者可以选择任何时间在任何道路上出行，基本无须付费，支付的只有时间和能源成本。理性人都会追求自己利益的最大化，当一项资源无须付费就能使用时，该资源将会被过度使用。如果大家所做的事情对自己最有利，他们的做法就通常不会对每个人都有益。我们是“自私的出行人”，驾驶在没有相互合作的道路网络内。每个人在道路网络中的移动方式在自己看来是最佳的（“用户最优”），不过大家的整体行为对道路网络却可能是最差的（“系统最优”）。[1] 正是由于个人理性和集体非理性的结合，导致了机动车所有者之间的“囚徒困境”，造成了交通拥堵的“公地悲剧”。[2]

二、城市道路交通问题原因错综复杂

城市道路交通涉及人、车、路、环境、管理等多个因素、多个环节，具有很强的系统性、整体性、协调性。城市道路交通问题，表象是城市道路的建设跟不上机动车的增长速度，机动车保有量超过了道路的最大容量。但表象背后的原因错综复杂。

---

[1] 参见［美］汤姆·范德比尔特著《开车经济学》，中信出版社 2009 年 4 月版第 135 页。

[2] 庇古（Arthur Cecil Pigou）最早讨论了道路拥堵问题。他出版过一部书，叫《福利经济学》（The Economics of Welfare，1918）。在书中，庇古举了这样一个例子。在 A 地和 B 地之间有两条路，一条是快速通道，一条是慢速通道。快速通道的缺点是比较窄，慢速通道虽然很宽，但泥泞、坎坷。如果人们要从 A 地到 B 地，会选择哪一条道路？当然，第一个人会选择比较狭窄的快速通道，第二个人也选择快速通道，之后的每一个人都选择快速通道。但随着车辆越来越多，快速通道开始变得拥堵，车辆行进的速度就一点点地慢下来了。最终会有那么一个人，还是继续选择了快速通道，但恰恰是由于这最后一人的进入，快速通道上车辆运行的速度进一步下降，下降到了跟那条慢速通道一样的水平。庇古说，最后这个人的选择，对快速通道上的每一辆车都造成了影响，因此，自由经济不好。当每个人都追求自己的利益最大化时，就会伤害别人，所以政府应该管一管，要想办法阻止一些人进入这条比较窄的快速通道。庇古提出用征税的办法，把一部分驾驶人从这条路上赶走。庇古建议的这种税，被后来的经济学家称为“庇古税”。参见薛兆丰著《薛兆丰经济学讲义》，中信出版集团股份有限公司 2018 年 7 月版第 232 页至第 239 页。兰德尔·奥图尔认为城市拥堵有两个原因：首先，新的公路建设没有跟上行驶车辆的增加；其次，公路收入主要来源于燃油税，并没有对道路准确定价。提供道路以满足高峰期需求的成本比满足平均需求的成本大得多。解决交通拥堵不能靠修路，因为新的道路只会引来更多的行驶车辆。参见［美］兰德尔·奥图尔著《交通困局》，上海三联书店 2016 年 6 月版第 59 ~ 60 页。

（一）城市道路交通问题的直接原因

城市道路交通问题最直接的原因，是城市道路交通治理制度、治理体制、治理机制与城市发展需求不匹配，城市道路治理能力和治理水平不适应城市交通发展的需求。

1. 城市道路交通治理制度不完善

城市道路交通治理的法律法规不健全，相关配套制度不完善，城市道路交通治理的法律武器匮乏、制度刚性不够，特别是对城市道路交通新业态、新情况缺乏制度规范，导致其游离于政府监管之外，给城市道路交通带来新难题、新挑战。

2. 城市道路交通治理体制不健全

城市道路交通治理停留在部门主导阶段，党委政府领导的城市道路交通治理体制还没有完全建立。政府主管部门单打独斗、唱独角戏、各自为政、政出多门，社会协同共治机制尚未普及，道路交通治理力量没有形成整体合力。

3. 城市道路交通治理方式不科学

城市道路交通治理方式简单，重“末端管理”轻“源头治理”，重“短期治标”轻“标本兼治”，重“专项整治”轻“系统治理”，重“行政管理”轻“综合治理”，重“传统手段”轻“科技创新”，没有形成长效治理机制。

4. 城市道路交通组织方式不精细

城市道路交通治理专业化、精细化、智能化程度不高，城市道路交通组织方式简单粗放，道路时空资源没有得到充分挖掘利用、高效统筹配置，有限资源“初次分配”和“再分配”不科学、浪费严重。

5. 城市道路交通秩序管理不严格

城市道路交通治理管控力度有待加强，“交通违法成本低、交通守法成本高”，道路交通违法普遍，交通秩序混乱，因乱直接致堵、因乱导致交通事故间接致堵的情况时有发生。

（二）城市道路交通问题的深层次原因

城市道路交通问题的深层次原因，是城市道路交通规划、建设、管理前后脱节、统筹不够，城市定位、城市功能、城市规划、交通规划、路网结构、交通结构、交通政策与城市交通需求不平衡、不协调。

1. 城市规划布局[1]不合理

单中心的城市空间结构普遍，城市用地布局不科学，城市中心区功能过于集中，优质公

[1] 城市布局形态一般分为集中式布局和分散式布局，其中集中式城市布局可分为网格状、环形放射状等类型，分散式城市布局可分为组团状、星状、环状、卫星状、多中心与组群城市等多种形态。参见吴志强、李德华主编《城市规划原理（第四版）》，中国建筑工业出版社2010年9月版第275～278页。城市空间格局典型模式：中心集结型、条带延伸型、格网型、自由生长型。参见王建国主编《城市设计》，中国建筑工业出版社2009年9月版第131～132页。城市结构类型分为集中型、带型、放射型、星座型、组团型、散点型。参见谭纵波著《城市规划（修订版）》，清华大学出版社2016年6月版第198页。城市形态布局分为集中团块型、带型、放射型、星座型、组团型、散点型。与此相关的城市中心与中心区结构形态主要有单核集聚模式、区域性集聚模式、多核集聚模式。参见邹德慈主编《城市规划导论》，中国建筑工业出版社2002年10月版第24～27页、第52页。

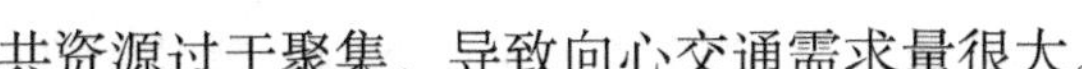

共资源过于聚集，导致向心交通需求量很大。

2. 土地利用方式不科学

城市用地功能单一，混合土地开发不够，住宅和就业空间疏离，职住分离普遍，交通与土地利用没有有机结合，潮汐交通现象严重。

3. 路网结构级配不清晰

城市道路用地比重较低，“宽马路、疏路网”问题严重，路网密度较小，道路可达性差，路网级配不合理，断头瓶颈路多，交通微循环不畅通，道路通行能力和效率不高。

4. 交通基础设施不完善

城市道路设施设计不科学，基础设施建设滞后，特别是“车本位”思想严重，基础设施建设过度向小汽车倾斜，不断挤压非机动车和行人空间，行人安全过街设施缺乏，非机动车和行人“无路可走”，抑制了慢行交通发展。

5. 交通结构方式不优化

公交优先战略落实不够，公共交通发展滞后，公交分担率不高，绿色交通出行比例偏低，过度依赖个体机动化出行，私人小汽车使用率过高。

6. 交通衔接转换不顺畅

公共交通产品不丰富，公共交通线路覆盖不全面，各种交通方式之间换乘不便捷，出行“最后一公里”尚未完全打通，公共交通吸引力不足。

7. 汽车产业政策不协调

汽车产业方面的经济政策与城市交通政策不协调，将鼓励购买小汽车作为刺激经济增长的重要手段，积极推动“小汽车进入家庭”，导致出现“私家车浪潮”，城市小汽车保有量过快增长，城市道路资源不堪重负。

治理城市交通问题不能停留在“头痛医头、脚疼医脚”的“浅水区”，而是要追根溯源，力争在深层次、根本性、全局性的“深水区”难题上积极“破冰”。

三、城市道路交通治理本质是保持动态平衡

城市道路交通资源的稀缺性与道路交通产品的公共性之间的矛盾，决定了城市道路交通问题的必然性和绝对性，决定了当前城市道路交通拥堵问题不可能彻底解决。J·R·迈尔（J·R·Meyer）教授曾经指出：完全排除拥堵并非最优解决方案，要排除所有的交通拥堵（使之不再出现）就要无休止地建设道路，费用极其昂贵，远远超过其带来的效益。[1] 当前城市道路交通治理的“理性”和“最优”选择，只能以缓解城市道路交通拥堵为目标，在一定时空范围内合理控制拥堵程度范围。

城市道路交通治理的本质，就是依托政府、社会、企业、公众等力量，遵循依法治理、

[1] 参见全永燊、刘小明著《路在何方——纵谈城市交通》，中国城市出版社2002年1月版第21页。

安全第一、人民中心、效率效益、公平普惠、平衡协调、精致极致、绿色低碳、智慧创新、共建共治原则，运用法律、政策、标准、行政、经济、科技、信用、纪律、道德、文化治理工具，加强系统治理、依法治理、综合治理、源头治理，不断扩增量、优存量、控总量、稳需求、调结构、转方式、添动力，努力保障城市道路交通的动态平衡，努力实现有序、顺畅、安全、舒适的目标，努力满足城市居民生产、生活对城市道路交通的总体需求，努力确保城市道路交通与城市经济社会发展互促协调。

1. 有序

交通治理智慧专业精准，交通出行结构绿色科学，客货运输组织合理高效，交通法规得到严格执行和遵守，人车有序通行各行其道，道路交通运行平稳有序。

2. 顺畅

城市路网级配科学，道路功能清晰明确，道路衔接匹配顺畅，交通组织精细优化，公共交通换乘便捷，路网整体运行稳定，预期出行时间可靠，交通延误较少。

3. 安全

道路交通安全设施齐全完善，交通信号明晰规范，路权分配清晰科学，安全隐患及时消除，应急处置快速高效，公众安全意识普遍较高，道路交通事故逐渐减少，交通安全水平较高，公众出行安全感较强。

4. 舒适

道路沿线景观优美，与周边环境协调，街道富有生机活力，道路可达性高，慢行交通系统舒适连续，适宜各类人群通行，各种交通方式相互干扰较少，出行体验温馨美好。

第三章

城市道路交通治理原则

城市道路交通治理是一项综合、系统、整体的工程，涉及领域、要素、环节、部门繁多，必须统筹兼顾。

1995 年，国家建设部、财政部、中国人民银行、世界银行和亚洲开发银行联合主办了“中国城市交通发展战略国际研讨会”，发布了《北京宣言：中国城市交通发展战略》，并提出了“五项原则”，用于指导与中国社会经济发展相适应的城市交通规划、建设和运行工作。

（1）交通的目的是实现人和物的移动，而不是车辆的移动。应当根据各种交通方式运送人和货的效率来分配道路空间的优先使用权。确切地说，就是为公共交通、自行车和行人提供优先权。

（2）交通收费应当反映全部社会成本。社会成本包括交通行为对社会造成的全部费用与损失，尤其应包括：环境污染导致的健康、医疗和生产效率的损失，交通拥堵导致的时间和费用的损失。

（3）交通体制改革应该在社会主义市场经济原则指导下进一步深化，以提高效率。交通行业已经开始向市场经济转轨，但特别需要在以下方面加快转轨的进程：竞争机制的引进，公共交通服务价格体系的完善，公共交通企业的所有权、经营权和法规建设，道路交通使用者付费原则的推广。

（4）政府的职能应该是指导交通的发展。在保持中央政府实施宏观经济指导职能的同时，强化地方政府的职能。政府的指导职能应当通过以下途径来完成：建立稳定而透明的法律法规体系、制定与推行相关的技术标准、制定交通发展战略和规划、制定基础设施投资战略、制定收费与价格政策。

（5）应当发挥私营企业在交通运输市场中的作用。私人企业可以在如下交通服务领域中补充和替代现在的政府职能：公共交通服务的供给和经营、停车设施的供给和经营、基础设施规划和设计的咨询服务、工程的承包营建、大型基础设施项目融资。[1] 这为我们做好城市道路交通治理工作提供了重要参考借鉴。

归纳总结城市道路交通治理实践，需要树立世界眼光，坚持历史思维，坚持中国特色，善于借鉴经验，不断开拓创新，遵循依法治理、安全第一、以人民为中心、效率效益、公平

[1] 参见《北京宣言：中国城市交通发展战略》，《城市规划》1996 年第 4 期。

普惠、平衡协调、精致极致、绿色低碳、智慧创新、共建共治原则，不断推动提升城市道路交通治理能力水平，避开“弯路”和“陷阱”。

一、依法治理原则

依法治国、依法执政、依法行政是法治的基本要求。城市道路交通治理是政府行政行为，依法行政、依法治理是基本要求。城市道路交通治理主体应当推动科学立法、严格执法、公正司法、全民守法，尊崇法治、敬畏法律，了解法律、掌握法律，遵守法律、捍卫法治，厉行法治、依法办事，不断提高运用法治思维和法治方式治理城市道路交通的能力。

1. 依法履职

树立“履职尽责”理念，城市道路交通治理的主体、职责、权限必须于法有据，法定职责必须明确，法无授权不可为，既要避免不作为、也要避免乱作为，既要防止失职渎职、也要防止滥用职权。推动全民尊法学法守法用法，做城市道路交通治理法律法规的自觉遵守者、坚定捍卫者、严格执行者。

2. 合法合理

树立“法理统一”理念，城市道路交通治理与人民群众利益息息相关，必须坚持法律面前人人平等。治理的方法、手段、措施必须严格依法，比例适度，目的适当，合乎理性，标准统一。处理好治理力度和社会可承受度的关系，不能超越权限“胡作非为”，不能违背公理“肆意妄为”，不能徇私枉法“任性而为”，坚决防止公权侵犯私权。

3. 程序公正

树立“公开公正”理念，必须确保城市道路交通治理的政策制定、行政决定、强制措施、处罚处理的程序合法、步骤齐全、要素完备，必须守住公平公正的程序“底线”，保障公众的知情权、参与权、表达权、监督权，该论证的必须论证，该听证的必须听证，该公示的必须公示，该公开的必须公开，确保民主科学、公平公正、公开透明，防止“暗箱操作”。

4. 善用立法

树立“制度治理”理念，善于运用法治手段破解难题，及时将行之有效的城市道路交通治理机制、方法、措施写入法律法规制度，特别是用好地方立法权，积极建立、健全、完善、固化城市道路交通治理的根本性、全局性、系统性、长期性制度保障。

二、安全第一原则

道路交通安全是城市道路交通治理最重要的目标。没有道路交通安全，城市道路交通治理就失去了意义。城市道路交通治理主体应当牢固树立安全发展理念，弘扬生命至上、安全第一思想，努力追求实现城市道路交通“零死亡”愿景。

1. 安全审计

树立“安全始于源头”理念，将道路交通安全发展理念贯穿道路交通规划、设计、建设、工程、运营、管理、制造、服务始终。提前介入道路交通规划、设计，提前进行道路交通安全前端审计，系好交通安全“第一粒扣子”；对道路建设、运营、管理进行交通安全评

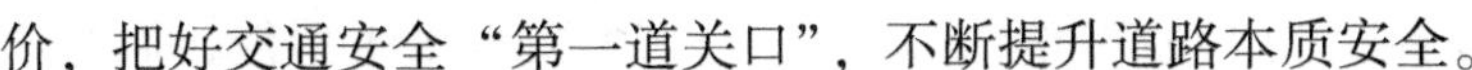

价，把好交通安全“第一道关口”，不断提升道路本质安全。

2. 治理隐患

树立“隐患就是事故”理念，建立道路交通安全风险预测预警预防机制，建立道路交通安全动态隐患排查机制，将道路交通安全隐患排查防控覆盖延伸到人、车、路运行的全时段、全过程、全链条，及时化解“苗头”风险隐患，及时消除动态安全隐患，未雨绸缪，防患未然，有患必除，除患务尽。

3. 严格执法

树立“违法就是事故”理念，做好酒驾、醉驾、超速、超员、超载、闯红灯等容易“致乱、致堵、致患、致祸”的严重交通违法行为治理工作，紧盯不放，持续整治，常态治理，严管重罚，坚决打击，最大限度消除“动态违法隐患”和“流动定时炸弹”。

4. 提升意识

树立“安全意识是根本”理念，持续、广泛、深入开展道路交通安全宣传教育，努力将交通安全意识“嵌入”“融入”到道路交通决策者、设计者、管理者、建设者、经营者、服务者、参与者的脑中，内化于心、外化于行，逐渐转变为“真正”“纯粹”“自觉”的安全治理者、安全经营者、安全服务者和安全驾驶人、安全乘车人、安全行人。

三、人民中心原则

“人民城市人民建，人民城市为人民。”城市因人而生机盎然。人民对美好城市交通的向往，就是我们的奋斗目标。城市道路交通治理主体应当贯彻以人民为中心的发展思想，坚持“交通的目的是实现人和物的移动，而不是车辆的移动”原则，科学合理安排生产、生活、生态空间，努力扩大公共空间，让居民有休闲、健身、娱乐的地方，让城市成为人民群众宜业宜居的乐园。

1. 完整街道[1]

树立“生活街道”理念。街道是城市的心脏，铸造了城市的形态，承载了城市运行的公共设施，是城市公共区域的核心，是城市生活质量的关键因素，规划得好的街道是一个城市的象征[2]，应当逐渐恢复城市街道生活空间，综合考虑街道两侧用地功能用途，统筹城市街道的交通、生活、休闲、游憩等各种功能，为所有使用者提供服务，并通过“街道眼”

[1] “完整街道”理念由美国精明增长联盟负责人大卫·戈德堡（David Goldberg）于2003年提出，反思交通“车本位”发展模式，主张有效、公平，强调行人、自行车、公共交通的重要性。完整街道是一种交通政策和设计方式，通过对街道合理的规划、设计、运行和维护，保障道路上所有交通方式出行者的通行权。此外，还倡导街道功能的完整，包括街道的交通功能、生活功能、景观功能和休闲游憩等功能。参见微信公众号“都市交通规划”，2017年7月21日，《慢行再造系列讨论——完整街道发展综述》。

[2] 参见联合国人居署编著《城市规划——写给城市领导者》，中国建筑工业出版社2016年4月版第41页。

提升街道公共安全水平❶，实现街道功能的完整性，不仅有“道”的交通功能，而且有“街”的生活气息和安全水平，打造开放便捷、尺度适宜、配套完善、邻里和谐的生活街区。

2. 还路于民

树立“人的街道”理念，坚决摒弃“机动车中心主义”，坚持以人为本，坚持“窄马路、密路网”的城市道路布局，保障行人优先，压缩机动车道，向行人、非机动车、公共交通分配更多道路资源，为慢行交通留足空间，引导公众步行、骑自行车和乘坐公共交通工具出行，坚守城市道路的“初心”和“使命”。❷

3. 强化保护

树立“安全街道”理念，完善道路交通安全设施，明确交通路权，分离混合交通，优化行人保护，加强科技应用，进行主动防护，确保行人、非机动车、机动车各行其道，为公众提供安全、舒适的道路空间。

4. 景观提升

树立“美好街道”理念，实施城市街道美化、绿化、亮化、优化工程，建设“环境友好型”生活街道，改善街道自然环境，塑造街道生态景观，提升街道生机活力，增加街道

---

❶ ［加拿大］简·雅各布在1961年《美国大城市的生与死》中提到了“街道眼”（Street Eye）概念。她认为，街道特别是人行便道，是城市中最主要的公共活动的场所，是城市中最富有生命力的“器官”。城市街道在交通功能以外还有三大功能：安全、接触和同化孩子。雅各布观察到，传统街坊有一种自我防卫的机制，邻居（包括孩子）之间可以通过相互的经常照面来区分熟人和陌生人从而获得安全感，而潜在的“要做坏事的人”则会感到来自邻居的目光监督。她据此发展了“街道眼”的概念，主张保持小尺度的街区和街道上的各种小店铺，用以增加街道生活中人们相互见面的机会，从而增强街道的安全感。街上的“眼”，不是专职的监视人，而是街道的自发主人，他们和众多的行人一起保障了街道的安全，抑制了犯罪活动。而一个安全的具有公共生活活力和趣味的街道，也是儿童成长的重要环境。参见“360百科”，http：//baike. so. com/。

❷ 随着时代发展，全球城市设计师和政策制定者不断对街道设计理念进行反思审视，逐渐实现街道功能从“机动化”到“人本化”的科学转变，街道空间从“服务机动车”到“优先保障步行和骑行空间”的理性回归。（1）阵痛期——交通需求高增长与道路资源紧缺的困境。20世纪初，世界机动化快速发展，城市街道服务功能定位偏向机动车，政策制定者侧重于提高机动车通行能力和增加机动车道路容量，对城市居民步行和骑行空间需求考虑较少。为满足日益增长的机动车出行需求，城市普遍采取修建或拓宽道路的策略。但实践证明，不断增加道路设施、迎合个体机动化交通需求高速增长并没有达到理想效果，增加设施供给不仅没有满足需求，反而吸引产生了更多新的机动化交通，造成道路拥堵。（2）反思期——从“做大增量”到“做好存量”的博弈。20世纪60年代，公众开始对城市“以车为本”发展模式产生质疑，意识到人和环境的重要性，应该“把街道还给行人”，加强街道空间品质提升。国家和相关部门逐渐开始提倡步行优先、降低机动车行驶速度等方法疏解交通。这一时期，精明增长、可持续发展等理念被引入街道设计，城市发展更加关注舒适、友好的步行环境，推崇以人为本，认为“做好存量”比“做大增量”可以取得更大的效益。（3）变革期——从“以车为本”到“人车共享”的理念。20世纪70年代，伴随着机动车迅猛发展，城市开始出现郊区蔓延化，造成中心城区功能衰落、人口大规模往城郊迁徙。公众对于街道建设的关注不再局限于机动化交通通行能力的提升，而是开始关注人的出行体验，认为街道空间不应该只是一个简单的穿行空间，还应该促进街道多元良性发展。这一时期，街道设计理念发生重大变革，“完整街道”设计理念开始产生，更加关注行人和自行车交通安全，给予采用不同交通方式出行的所有交通参与者平等路权。致力于打造既作为公共空间，又作为可持续交通网络的街道系统，不断提升城市居民生活品质。参见微信公众号“交通言究社”，2019年2月22日，《看国外如何设计城市街道保障行人和自行车交通安全?》。

生活气息，引导群众转变出行方式、回归健康生活，让公众享受美好的城市交通环境。

四、效率效益原则

城市道路交通资源属于稀缺资源。城市道路交通治理主体应当高效配置、科学利用、集约使用，不断扩大增量、优化存量、提升质量，不断提升道路交通治理的效率、效益、效能、效果，努力对有限的城市道路时空资源进行最优化、最精化、最大化开发，推动城市道路交通高质量、可持续发展。

1. 精明增长

树立“紧凑城市”理念，坚持“密度较高、功能混用和公交导向”的多中心集约紧凑式发展模式，科学合理调整优化城市功能布局，推动构建公共交通沿线“商、住、职、学、娱”聚集区，特别是打造“轨道上的城市”，促进城市和交通协同发展。

2. 改造扩容

树立“城市修补”理念，结合“城市双修”❶，积极拓展城市公共空间，控制城市改造开发强度和建筑密度，加强街区规划建设，不断完善城市布局、路网结构、街道断面，打通断头路，消除瓶颈路，构建完整路网，提高城市道路的“机动性”（Mobility）和“可达性”（Accessibility）。

3. 优化提升

树立“无增长改善”理念，用足用好现有道路资源，充分挖掘时空潜能，以时间换空间、以空间补时间，并通过对道路空间的二次分配，引导改变城市交通结构、出行模式，推动集约化、高效化、减量化、绿色化出行，实现城市道路交通“无增长改善”。

4. 税费调节

树立“市场调节交通”理念，充分发挥市场资源配置作用，通过价格引导调控，在车辆购买、使用和道路通行、停车等方面，通过差异化税费方式，抑制车辆购买使用，减轻路网压力，提升城市交通运行效率。

五、公平普惠原则

没有效率，公平无保障；没有公平，效率无意义。城市道路交通是公共产品或准公共产品，具有公益性。城市道路交通治理主体必须兼顾公平，确保道路交通的普惠性和公共服务均等化，让所有城市居民都能平等利用城市道路交通资源、公平享有城市道路交通发展红利。

---

❶ 2017 年 3 月，住建部下发《关于加强生态修复城市修补工作的指导意见》（建规〔2017〕59 号），部署全国开展生态修复、城市修补（“城市双修”）工作，要求修复城市生态，加快山体修复、开展水体治理和修复、修复利用废弃地、完善绿地系统；修补城市功能，填补基础设施欠账、增加公共空间、改善出行条件、改造老旧小区、保护历史文化、塑造城市时代风貌。

1. 总量调控

树立“以城定车”理念，根据城市规模、土地总量、城市布局、路网结构、道路容量，适当对机动车发展设置“天花板”，进行总量调控，特别是加强对私人小汽车购买、使用、停放的限制约束，为城市空间“留白增绿”，将有限的城市土地资源公平分配给全体城市居民。

2. 公交优先

树立“公交保底”理念，坚持公交优先发展战略❶，将公共交通作为城市交通发展的基础、交通健康发展的引擎，确保城市公共交通用地优先、路权优先、资金优先，通过公共交通引导城市合理发展布局，促进和改善城市居民生活的“基础”，保障和托住城市居民出行的“底线”。

3. 无碍通行

树立“全域出行”理念，城市道路交通应当服务全体城市居民，道路设计、过街设施、标志标线、乘车服务等必须无障碍处理，必须确保少年儿童、老年人、残障人士等群体无障碍出行，打造全体城市居民“自由出行城市”，体现人文关怀和城市温度。

4. 占用补偿

树立“使用付费”理念，城市道路是公共资源且资源有限，私人汽车是私有财产，城市政府在满足城市基本公共交通“免费”服务的同时，应当按照“谁使用、谁付费”和“谁占用、谁付费”原则，兼顾公益性和市场性，设置“停车受益区”❷，对占用公共道路资源的私人停车等行为进行收费，并用于公共交通改善，将私人小汽车的“外部性”最大限度“内部化”❸，不能出现“少数人开车、所有人为其买单”的不公平现象，实现道路资源公平公正高效配置。

❶ 2012 年 12 月，国务院下发《关于城市优先发展公共交通的指导意见》（国发〔2012〕64 号），指出城市公共交通具有集约高效、节能环保等优点，优先发展公共交通是缓解交通拥堵、转变城市交通发展方式、提升人民群众生活品质、提高政府基本公共服务水平的必然要求，是构建资源节约型、环境友好型社会的战略选择。

❷ 停车受益区（Parking Benefit District，PBD）是在一个确定的城市区域内对停车位征收费用，并将停车收益按一定比例返还给征收区域，用于社区公共服务改善的政策。实施区域按用地性质分为商业区和居住区两类，主要针对路内停车位，采用市场定价原则确定停车费率，所得收入一般用于街道维修、街道景观改善、小汽车替代出行方式建设和公共安全等方面。美国从 20 世纪 70 年代开始试点停车受益区，目前在圣地亚哥、雷德伍德、文图拉、田纳西州的奥斯汀、休斯敦、奥克兰等 20 余个城市局部区域都有应用。参见《美国停车受益区解析与借鉴》，《城市交通》2018 年第 6 期。

❸ 如果我们促使开车人将交通拥堵的外部性内化，会发生什么情况？如果我们可以找到某种方式，让拥堵的成本回到制造它们的开车人那里，又会如何？人们只有在开车的边际收益高于边际成本的时候才会开车。当然，每个人现在都在这么做，但是根据我们目前的做法，这些成本不包括施加在其他人身上的成本。如果除了自己的开车成本之外，开车人还必须支付他们的决策施加给其他人的边际拥堵成本，他们就会选择少开车。只有在他们自己的边际收益大于所有社会成员的边际成本总额时，他们才会开车。所有开车人的境况都会有改善！街道不会再拥堵了。确实有这样一种方法，它叫做“定价”，经济学家称其为“拥堵定价”。参见［美］保罗·海恩等著《经济学的思维方式（修订第 12 版）》，世界图书出版公司北京公司 2012 年 3 月版第 210 ~ 211 页。

六、协调均衡原则

城市道路交通是一个系统、一个整体，不能就城市道路交通论城市交通，必须把城市道路交通置于城市总体交通体系中，整体谋划、统筹治理。城市道路交通治理主体应当统筹各方面、各要素、各环节、各链条，推动均衡兼顾、协调联动、协同发展，不断补齐短板、强化弱项，努力解决市民日益增长的出行需求与城市道路交通资源不平衡、不充分发展之间的矛盾。

1. 区域协同

树立“协同发展”理念，统筹好城区与郊区的交通衔接，协调好城市群与都市圈的交通系统，均衡好“站圈”“商圈”“医圈”等交通复杂区域的交通连接，推动城乡、区域交通一体化发展，坚决防止不同区域“一条腿长、一条腿短”的交通“瓶颈”。

2. 结构协调

树立“系统协调”理念，优化快速路、主干路、次干路、支路路网，打通断头路，构建功能清晰、级配合理、系统完备的城市路网结构。统筹公共交通、慢行交通和私人小汽车交通等不同交通方式的发展，不断优化改善城市交通出行结构。统筹公共交通发展，因地制宜构建轨道交通、有轨电车、快速公交、常规公交等多元化公共交通服务系统。

3. 政策协调

树立“政策统一”理念，统筹研究城市交通政策与其他国家政策之间的关联性、耦合性、一致性，协调好国家汽车产业政策与公交优先战略的关系，既要促进汽车消费、促进经济发展，又要防止私人小汽车无序增长、使用泛滥。协调好城市治堵政策与大气污染防治、促进物流业健康发展政策的关系，确保缓堵、治污、物流工作统筹推进。

4. 统筹协调

树立“平衡均衡”理念，处理好城市道路交通增加供给和调控需求的关系，既要挖潜力、扩增量，又要调结构、转方式。处理好城市客车限行和货车禁运的关系，既要科学分流交通流量，又要满足市民生产生活需求。处理好城市道路交通安全和顺畅的关系，既要最大限度保障安全，又要兼顾道路通行效率。

七、精致极致原则

城市道路交通治理是一项科学性、专业性工程。城市道路交通治理主体应当尊重、顺应城市发展规律，发扬“工匠精神”，“像绣花一样精细”，将精细化要求贯穿城市规划、建设、管理、执法等各个环节，精益求精，细之又细，追求卓越，努力做到细致、精致、极致。

1. 精细组织

树立“空间优化”理念，根据城市交通运行规律，依据城市交通政策，结合城市路网结构，做好区域、路线、节点优化，综合采取禁行、限行、绕行、单行等交通组织方式，充分挖掘交通空间资源，减少交通过度聚集堵塞，使交通流量最大限度均衡分布。

2. 精准配时

树立“时间细化”理念，根据城市交通出行特点，结合交通流量变化，按照平峰和高峰时的特点，分期、分日实行不同交通调控政策，分时、分段提供不同交通控制策略，充分用好交通时间资源，减少交通延误和时间耗费，最大限度实现城市交通“消红变绿”。

3. 分类施治

树立“因情施策”理念，因地制宜、因势而为、因时而动，针对不同区域、道路、时段，寸土必争、争分夺秒，一域一策、一路一策、一口一策、一点一策、一时一策，分类施治、分类管理，将“绣花”精神落到每一个细节上。[1]

4. 精致治理

树立“精细治理”理念，推动城市道路交通治理由粗放型向精细化、集约化转变，通过整合治理力量、升级联动机制、创新治理方式、优化治理流程、科学考核评价、督导责任落实，努力推动健全完善全部门、全领域、全链条、全覆盖、全过程、全天候、一体化的城市道路交通精细治理模式。

八、绿色低碳原则

低碳生活、绿色出行是城市交通出行新时尚。减少碳排放是节能、环保、绿色、生态、健康的一种生活方式，是改善生活环境、享受美好生活的一种选择。城市道路交通治理主体应当大力推进“绿色出行行动计划”[2]，努力构建布局合理、生态友好、清洁低碳、集约高效的绿色出行服务体系，共同打造舒适宜居、天蓝水碧、清洁美丽的城市环境。

1. 绿色运输

树立“低碳集约运输”理念，建立健全以轨道交通为主导的客货运输体系，充分利用

---

[1] 纽约曼哈顿下城将街道分为5类：通过型街道，服务于穿过下曼哈顿的主要交通流和公交路线；到达型街道，为到达下曼哈顿的主要交通流和公交车路线服务；活动型街道，行人在此集聚，进行工作、购物、社交以及搭乘地铁；支持型街道，用于货品投送和接取，卸货和停车场入口；居住型街道，居住用地边的街道。管理部门针对每一类型的街道，对行人、出租车、货车、私家车、公交车和自行车提出不同的改进优化策略。参见微信公众号“cityif”，2019年2月26日，《国内外大城市功能区交通系统特征经验小结》。

[2] 2019年5月，交通运输部、中央宣传部、国家发展改革委、工业和信息化部、公安部、财政部、生态环境部、住房城乡建设部、国家市场监督管理总局、国家机关事务管理局、中华全国总工会、中国铁路总公司等12部门和单位联合下发《绿色出行行动计划（2019—2022年）》（交运发〔2019〕70号），部署全国切实推进绿色出行发展，坚持公共交通优先发展，努力建设绿色出行友好环境、增加绿色出行方式吸引力、增强公众绿色出行意识，进一步提高城市绿色出行水平。

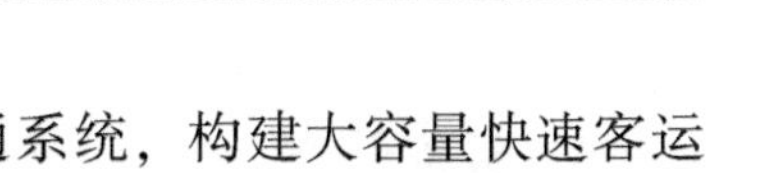

高铁、城际铁路、市域（市郊）铁路、轻轨、地铁等轨道交通系统，构建大容量快速客运系统，积极推动物流货运“公路转铁路”“道路转地铁”“街道转轻轨”，减少城市道路客货流量，减轻道路通行压力。

2. 公交主导

树立“公交优先发展”理念，推进“公交都市”建设，构建由公共交通主导的城市交通运输体系，提升公交服务质量，提高公交运营速度，优化公交线网布局，改善乘客出行体验，推广应用新能源车辆，增强公共交通吸引力，提升公交出行占比，降低私人小汽车使用强度，减少道路交通拥堵和车辆尾气排放。

3. 慢行引导

树立“慢行交通先行”理念，完善慢行交通系统建设，打造人性化、精细化的慢行道路通行空间，构建安全、连续、平整、舒适的城市慢行交通体系，加大对步行道和非机动车道的管理力度，保障行人和非机动车无障碍通行，提高慢行交通出行比例。

4. 绿色出行

树立“优化绿色结构”理念，倡导推动构建“轨道＋自行车”“公交＋步行”“自行车＋步行”的交通出行方式，打造“1公里步行、3公里自行车、5公里公交、10公里轨道为主”的一体化公共交通出行体系，塑造健康的出行方式和生活方式。

九、智慧创新原则

新一轮科技革命和产业变革方兴未艾，以互联网、物联网、大数据、人工智能、区块链等为代表的新一轮信息技术不断突破，推动新产业、新动能、新技术、新业态不断涌现。城市道路交通治理是一项技术性、创新性工程，道路交通治理主体应当抓住科技革命和产业变革的机遇，大胆创新，敢于实践，勇闯“无人区”，不断推动治理动力变革、效率变革、质量变革，实现城市道路交通治理的信息化、智能化、专业化、现代化。

1. 智能交通

树立“智能治理”理念，应用现代通信新技术，引入新科技、新产品，结合实际配置最新科技装备，通过“机器换人”弥补城市道路交通治理力量不足，创新构建城市道路交通全域可视、泛在感知、实时监测、反应灵敏、科学指挥、高效处置的现代城市道路交通智能治理体系，提升治理效能。

2. 智慧交通

树立“智慧管控”理念，大力应用互联网、物联网、大数据、云计算、人工智能、区块链等新技术，通过“通信技术（5G）＋人工智能（AI）”，建设“城市道路交通大脑”，全面监测、实时分析、全时研判、动态干预、自动调控城市道路交通运行状况，主动生成道路交通治理策略和方案，逐步实现城市道路交通治理智慧化。

3. 创新创造

树立“激励创新”理念，鼓励基层创新性地借助新技术、新产业、新业态，加强交通治理技术研究，推动交通治理方式、方法、举措创新，不断推出道路交通治理新理念、新产品、新方案、新技术，通过创新推动交通治理“大提速”“大提升”。城市道路交通治理实践性很强，对一些新技术、新方法，可以大胆探索，先行先试，尊重实践，积累经验，稳中求进，最终全面推广。

4. 专业治理

树立“专业人做专业事”理念，推动道路交通治理领域“产、学、研、用”一体化，通过政府采购、合作开发、委托服务等方式，积极推动科研成果孵化、转化落地，并引入公司企业、科研院所辅助政府部门进行专业治理，推动交通治理专业化。

十、共建共治原则

城市道路交通治理是社会治理的重要组成部分。城市道路交通治理主体必须按照国家治理体系和治理能力现代化要求，不断完善党委领导、政府负责、民主协商、社会协同、公众参与、法治保障、科技支撑的社会治理体系，建设人人有责、人人尽责、人人享有的社会治理共同体。

1. 政府主导

树立“政府组织领导”理念，城市道路交通治理是系统工程、民生工程、政府工程，需要建立政府主导的领导机构、领导小组或协调机制，着眼经济社会发展大局，立足城市功能定位全局，结合城市道路交通实际，统筹研究、决策、调度、推动城市道路交通治理工作。

2. 部门联动

树立“部门协调联动”理念，城市道路交通治理涉及规划、建设、管理、服务等多个部门，需要各部门建立协作配合机制，各司其职、各负其责、相互配合、通力协作，打造城市道路交通治理“命运共同体”，推动城市道路交通问题联治、工作联动、治理联创。

3. 社会协同

树立“社会协同共治”理念，城市道路交通治理涉及人、车、路等多个要素，需要全社会一起行动，相关企业、院校、社团、基层组织应当积极履行行业、属地、企业主体责任，发挥属地和专业优势，共同协同发力，集中攻坚破解城市道路交通治理难题。

4. 公众参与

树立“社会共建共治”理念，城市道路交通治理是群众参与度最高的领域，需要坚持群众路线、专群结合、群防群治，紧紧依靠广大交通参与者，打通治理“通道”、架起治理“桥梁”，引导群众对城市道路交通治理建言献策、自管自治、共建共治，推动双向良性互动，共创美好城市道路交通环境。

第四章

城市道路交通治理工具

城市道路交通治理作为政府职能的一部分，必须通过强制性工具（Compulsory Tools）、混合工具（Mixed Tools）、志愿工具（Voluntary Tools）等政策工具或政府治理工具[1]，加强城市道路交通治理。

发布于1995年的《北京宣言：中国城市交通发展战略》指出，城市交通是一个高度综合而复杂的问题，必须从政策、机构、体制、管理、收费与价格、基础设施建设与投资等各个方面同时入手解决。在提出“五项原则”的同时，还就城市道路交通治理提出了“四项标准”和“八项行动”。

---

[1] 关于政府工具的分类，在公共行政实践中，强制性工具（Compulsory Tools）、混合工具（Mixed Tools）、志愿工具（Voluntary Tools）三分法则被广泛接受。（1）强制性工具，又叫指导性工具（Directive Tools）或规制性工具（Regulatory Tools）。它的特点是用规制和直接行动的方式对市场组织和社会个体施加影响，以实现期望的政策目标。在需要相对人无条件遵从的时候，强制性工具是最有效的。（2）志愿性工具。这种工具是指在所期望实现的任务上，较少政府介入，而由民间力量或市场自主运作。志愿工具在人们已经有一定诱因改变自身行为的时候使用最为有效，而如果人们没有改变的激励，那么志愿工具的作用就非常有限，甚至是完全无效的，这就是志愿工具选择的基本情境。志愿工具某种意义上讲就是一种诱因管理，这种诱因有时候是经济利益，有时候是普世的社会价值（Common Value）。它抓住了人们内心改变现有行为以改进福利的潜在动机，通过外部诱导来实现相对人的遵从。而对于相对人遵从的更深层次的原因，霍莱特和拉梅什归结为“自利性、伦理判断和内心满足”。随着社会的日益多元化、碎片化和对放松管制的普遍要求，强制性工具在公共政策执行中的作用开始日益受到质疑。而志愿工具由于强调官商、官民平等协商和自愿合意、节约成本等方面的特点，很容易得到相对人的配合，并使其保持长期遵从的充分动力，因而在一些政策领域其有效性优于规制。另外，志愿工具在很多尚无相关立法和行政规章规制的新兴政策领域也发挥着越来越重要的作用。（3）混合性工具。在霍莱特和拉梅什那里，混合性工具是指强制性介于强制工具和志愿工具之间的那部分政府工具（其中有些工具本身就是具体的市场化手段），因而混合工具选择的情境最为广泛。一是信息和劝导（Information and Exhortation）。当政府期望用信息提供来影响政策目标的预期借以实现政策目标时，这种工具经常是有效的。二是政府补贴（Subsidy）。在一些公共问题上，当政府不愿或不能直接生产公共物品而这些物品又是社会需要的时候，政府可以对私营部门、志愿部门进行财政资助以实现预期目标。三是产权拍卖（Auction of Property Rights）。当公共实体的公共物品生产是无效率或低效率的时候，政府可以让渡部分公共实体的产权给私营部门，努力提高绩效。这也就是通常所说的民营化。四是税收和用者付费（Taxes and Charge）。除了作为财政汲取工具的税收以外，为了扶持或抑制特定的产业、行为、群体乃至个人而又不愿意直接动用强制性手段时，作为混合性工具的税收在市场上和社会事务中常常是有效的。而用者付费同样是用经济性工具调节公民对公共物品的消费。它的逻辑在于，提供免费公共服务并非是理想的选择，它将导致无效的资源配置，因为公共服务低于成本的供应会导致对服务的“过度消费”（Excessive Consumption），消费者会选择消费至边际效用低于服务提供的边际成本的那一点。为了确保将稀缺的公共资源用来提供尽可能多的公共服务，设计合理的用户收费能保证对服务更有约束的使用，并可以向公共服务的提供者提供关于公众为服务付费意愿的重要信息，因此它也是政府的重要工具。参见陈振明等著《公共管理学（第二版）》，中国人民大学出版社2017年4月版第181～182页。

“四项标准”包括：

（1）经济的可行性。在以全部资源投入计算总成本的前提下，应该优先开展经济回报最高的投资项目。

（2）财政的可承受性。应当在切实可行的投资和经营财务策略基础上，制定交通系统规划、制订项目计划。

（3）社会的可接受性。交通服务应当满足社会各个方面的需求，尤其要考虑社会低收入居民和交通弱者的需求。应当尽量减少交通发展对社会的负面效应，尤其要避免交通建设造成的住房和其他工商业建筑拆迁。

（4）环境的可持续性。应当采取减轻交通对市民健康和生活环境的不利影响、减少自然资源消耗的行动和对策。

“八项行动”包括：

（1）改革城市交通运输行政管理体制。交通的发展计划和管理职能应当由政府部门行使，建立促进交通政策与规划制定和实施相协调的工作机构，完善城市运输市场管理和法规体系。

（2）提高城市交通管理的地位。建立市政府高层次的交通管理机构，统一城市各个部门的重叠职能，制定交通管理战略，制定改善道路安全的措施。

（3）制定减少机动车空气和噪声污染的对策。制定减少和消除汽油含铅量的实施步骤，提高机动车尾气排放标准，研究使用更洁净的替代燃料，减少新建交通基础设施的噪声和空气污染影响。

（4）制定控制交通需求的政策。建立城市中心区停车设施的发展、控制和价格对策，评估在城市中心区控制机动车使用的各种对策的效果，根据效益和效能、评价现行对摩托车和货车交通管制办法，建立相应的交通收费与价格政策。

（5）制定发展大运量公共交通的战略。确定客运交通需求量大的交通走廊，优先考虑适用的大运量公共交通技术，制定和实施公交专用道或专用路试验项目，研究现有地铁的影响和效用，加强大运量公共交通与其他交通方式之间的衔接。

（6）改革公共交通管理和经营。把政府的规划和管理职能与市属公共交通企业的商业职能相分离，深化市属公交企业的改革，积极探索私人企业参与公共交通经营的途径，强化政府在扩大私人企业参与方面的管理职能。

（7）制定交通产业的财政战略。研究道路使用税费的设立、征收和分配，改进对私人企业投资的管理法规框架，建立一套符合实际的城市融资总体政策，确定政府需要在哪些方面参与交通投资、经营和维护，尽可能地实施通过向交通使用者收费来达到收支平衡的计划，确定哪些投资可经信贷筹措、哪些应由日常收入支出，确定哪些方面可以利用私人资金（包括外资）取代或补充市政府交通预算。

（8）加强城市交通规划和人才培养。制定城市交通规划编制的技术程序和指导性文件，扩大交通专业技术人员与管理人员的教育与培训机构，把城市土地开发与交通发展结合起来，把城市交通规划与土地利用规划结合起来。城市交通发展战略和规划的制定应当充分反映中国城市土地利用和资源特征，充分利用国内外咨询专家来帮助城市有关交通机构提高专业能力。[1] 以上这些为我们提供了一系列城市道路交通治理工具。

---

[1] 参见《北京宣言：中国城市交通发展战略》，《城市规划》1996 年第 4 期。

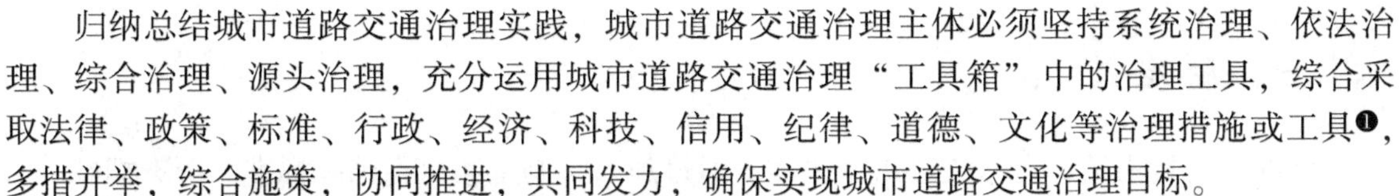

归纳总结城市道路交通治理实践，城市道路交通治理主体必须坚持系统治理、依法治理、综合治理、源头治理，充分运用城市道路交通治理“工具箱”中的治理工具，综合采取法律、政策、标准、行政、经济、科技、信用、纪律、道德、文化等治理措施或工具[1]，多措并举，综合施策，协同推进，共同发力，确保实现城市道路交通治理目标。

一、法律工具

法律工具是指城市道路交通治理主体，运用法治思维和法治方式，针对城市道路交通突出问题、普遍问题、规律问题，按照法律、行政法规、部委规章、地方性法规、地方性规章以及司法解释、规范性文件等有关规定，通过立法、执法、司法、普法等手段，推动城市道路交通治理领域的靶向立法、严格执法、公正司法、全民守法，有效破解城市道路交通治理难题、顽疾，逐步实现城市道路交通治理的制度化、规范化、常态化、长效化。特别是2015 年新修订的《中华人民共和国立法法》赋予所有设区市立法权后，各地可以在上位法的授权下，结合实际，针对突出的本土性、地区性、区域性城市交通问题，通过地方立法手段，将适应本地的交通政策、行之有效的治理措施固化上升为普遍适用的地方法规、刚性约束的政府规章，增加道路交通治理的“制度供给”，增强其权威性、制度性，形成城市道路交通“治理-立法-治理”的良性循环。

二、政策工具

政策工具是指城市道路交通治理主体，坚持问题导向、目标导向、结果导向，针对城市道路交通治理中遇到的挑战、变化、难题、顽症、短板，提请或通过党中央、国务院、各部委和地方党委、政府部门，结合实际制定出台系列长效治理意见、措施、方案、通知、规划等文件，指导各地、各部门予以关注、采取措施、及时解决、有效处置，切实扭转城市道路交通治理工作的不利局面，确保城市道路交通治理政策与时代同步，保障城市道路交通正常运行。与法律工具相比，政策工具更加灵活、机动。如果有关政策措施经过实践检验行之有效，可以通过立法程序上升为法律规定。政策是活的法律，必须与法律相统一、相一致、相衔接，避免政策与法律冲突。政策制定要依法、科学、民主，注重制定前的调查研究、科学论证、风险评估、征求民意，防止不合法律、不切实际、不符民意、无法实施，坚决避免程序不规范的“措手不及”政策、“半夜鸡叫”政策、“突然袭击”政策和“翻烧饼”政策。

---

[1] 当代政府治理的新工具分为市场化工具、工商管理技术和社会化手段 3 类。其中市场化工具包括民营化、用者付费、合同外包、特许经营、凭单制、分散决策、放松管制、产权交易、内部市场；工商管理技术工具包括全面质量管理、目标管理、绩效管理、战略管理、顾客导向、标杆管理、流程再造；社会化手段包括社区治理、个人与家庭、志愿者服务、公私伙伴关系、公众参与及听证会。参见陈振明等著《公共管理学（第二版）》，中国人民大学出版社 2017 年 4 月版第 187 页至第 199 页。公共管理的工具有传统行政治理工具和新的社会治理工具。其中传统行政治理工具包括直接行政、经济管制、社会管制、政府公司、补贴；新的社会治理工具包括市场化治理工具（民营化、用者付费、合同外包、凭单制、放松管制）、工商管理类治理工具（全面质量管理、流程再造、目标管理）、社会化治理工具（社区治理、公民参与）。参见张康之、郑家昊主编《公共管理学（第二版）》，中国人民大学出版社 2019 年 4 月版第 299 ~ 306 页。

三、标准工具

标准工具是指城市道路交通治理主体，通过加入、制定和执行国际标准、国家标准、行业标准、地方标准、团体标准、企业标准，对城市道路交通规划、建设、管理、运营、服务的相关行业、产品、管理、服务，提出最低质量要求，做出基本技术规范，确保满足城市道路交通正常、安全运行的底线要求。标准是技术法规，是对法律的有益补充，具有规范性、强制性。特别是各地可以结合当地经济社会发展水平，针对市政管理设施、安全防护设备、道路桥隧质量、公交服务水准等方面存在的“不适应”“低规格”，制定要求更高、更严的地方标准，以更好地满足当地城市发展需要和人民群众交通出行需求，建设适应当地经济社会发展的高质量城市交通系统。

四、行政工具

行政工具是指城市道路交通治理主体，发布公告、通告、通知，通过许可、执法、检查，使用强制、处罚、处理等行政手段，对城市道路交通治理各环节、各要素、各过程进行监督、管理、干预、处置，以确保城市道路交通的正常运转。行政工具是法律、政策、标准工具实施、执行的主要手段，具有直接性、强制性、权威性、灵活性、及时性、高效性。行政工具必须依法使用、科学决定、符合实际，严格、规范、公正、文明、平和、理性行使权力，特别是在“自由裁量处罚”的时候，必须坚持处罚法定、公平公正、处罚相当、程序正当、综合裁量，坚决避免“一刀切”“僵硬化”“简单化”“随意化”，力争实现最好的法律效果、政治效果和社会效果。

五、经济工具

经济工具是指城市道路交通治理主体，引入市场机制手段，借助财政、金融措施，通过税收、收费、价格、保险、信贷、利率、资金等杠杆，引导企业、单位投资相关交通行业、领域、设施，或者减少或限制企业、单位、个人购买、拥有、使用相关交通工具、设施、道路，从而更加科学、公平、高效、集约分配、配置、使用有限道路交通资源。道路交通参与者一般对“价格”比较敏感，一经实施，容易立竿见影。经济工具与行政工具相比，具有引导性、非强制性。能够由市场调节的城市道路交通问题，必须由经济工具解决。对公益性、普惠性的城市道路交通供给，必须由政府予以保障；对个性化、高水平的城市道路交通需求，可以由经济工具调控。由于经济工具与经济利益挂钩，容易引发“道德风险”，引起城市道路交通治理为“有钱人”服务的舆论炒作，使用前必须广泛论证，寻求全社会最大公约数，最大限度争取理解和支持。

六、科技工具

科技工具是指城市道路交通治理主体，通过新技术、新方法、新产品，应用互联网、物联网、大数据、云计算、人工智能、区块链等新一代信息技术，融合 AR、VR、MR 等虚拟现实技术，解放城市道路交通治理力量、头脑、手脚，释放城市道路交通治理潜能，增强城市道路交通治理的动力及活力，通过“机器换人”“城市大脑”“智慧治理”，建立健全城市道路交通治理“大数据＋”“互联网＋”“区块链＋”“人工智能＋”综合治理信息平台，实现城市道路交通治理的精细化、智能化、信息化、专业化，不断提升城市道路交通治理能力水平现代化。科技让生活更便捷，让城市治理更有效。科技工具是交通治理的“倍增器”，在一定程度上可以“代替人力”，但科技不是万能的，不能迷信科技可以包办一切、可以彻底替代人力，必须注重人防、物防、技防“三位一体”建设，实现城市道路交通全方位、多层次、立体化治理。

七、信用工具

信用工具是指城市道路交通治理主体，通过记录城市道路交通参与主体的信用状况，评价城市道路交通参与主体信用情况，警示城市道路交通参与主体信用风险，约束、规范、引导城市道路交通参与者“守法”“合法”“依法”开展运营、服务、出行等活动。市场经济是信用经济，市场治理、社会治理需要信用工具。信用工具是法律、政策、标准工具的重要补充，有利于道路交通参与主体主动预防违法行为。需要加快道路交通领域诚信体系建设，健全完善守信联合激励和失信联合惩戒机制，通过“公开公示”“正面清单”以及“负面清单”“红名单”和“黑名单”，推动信用与企业贷款、投标、监管、评优，与个人入学、就业、贷款、保险、职称等挂钩联动，发挥好信用“利剑”的导向作用，不断提升通过信用工具治理城市道路交通的水平。

八、纪律工具

纪律工具是指城市道路交通治理主体，通过与党政机关、企事业单位的协调联动，对违反道路交通治理法律法规、政策标准的违法行为，通报相关部门依照党纪条规、政务条令和行业纪律、企业纪律、单位纪律，实行联动惩戒、内部处理、纪律处分、叠加处罚，推动强化单位内部的教育、管理、监督，“由外而内”“由内而外”促进城市道路交通参与者遵规守法。纪律是为维护集体利益并保证工作进行而要求成员必须遵守的规章条文。纪律工具是一种内部惩戒工具，是有效管理、刚性约束“单位人”的重要措施，是道路交通社会共治的重要手段。但纪律工具不能过度泛化使用，避免将所有道路交通违法“不分轻重”一律通报单位进行内部处理。

九、道德工具

道德工具是指城市道路交通治理主体，通过公约、倡议、承诺等道德规范、手段、措施，引导城市道路交通运营者、服务者、参与者，自主地、自觉地、自动地约束和限制自己，认真履行法律、政策、标准规定的责任、义务，实现城市道路交通运营者和参与者由

“政府管理”向“自我治理”的转变。道德是通过各种形式的教育和社会舆论的力量，使人们逐渐形成一定的信念、习惯、传统而调整人们之间的相互关系的行为规范总和。道德工具是法律、政策、标准工具的重要补充，是降低治理成本、提升治理效果的重要手段。法律是成文的道德，道德是内心的法律。法律有效实施有赖于道德支持，道德践行也离不开法律约束，法治和德治不可分离、不可偏废。道路交通治理需要法律和道德协同发力，相互促进，相得益彰，积极构建打造“法治”“自治”“德治”相结合的城市道路交通治理体系。

十、文化工具

文化工具是指城市道路交通治理主体，通过广播、电视、报刊、广告等传统媒介，利用互联网、微信、微博、App 等新型媒体，“声、光、影、电、屏”多位一体，广泛宣传，引导、发动广大城市道路交通参与者，主动实施交通政策，认真落实交通战略，自觉遵守交通法律，共创共建共治共享美好城市道路交通环境。文化不仅是软实力，更是硬实力。必须充分发挥文化更基本、更深沉、更持久的力量作用，持续策划推出一批社会认同、脍炙人口、简单明晰、易于传播的宣传主题、宣传口号、宣传标语，持续强力推进道路交通文化进农村、进社区、进企业、进机关、进校园、进网络“六进”活动，特别是从幼儿园抓起、从儿童教起，润物细无声，增强社会认同，让全社会都理解接受、自觉遵守、内化于心、外化于行、主动实施，凝聚起全社会共同参与城市道路交通治理的正能量。

法律、政策、标准、行政、经济、科技、信用、纪律、道德、文化“十大工具”，是城市道路交通治理的主要举措、方法、手段。在城市道路交通治理实践中，政府部门可以结合实际，因地制宜、因时制宜、因事制宜，问题导向、目标导向、效果导向，因情施策、多措并举、组合运用，多管齐下、整体安排、综合施策，有效推动实现城市道路交通治理目标。[1]

---

[1] 政府工具的选择、应用和组合是政府工具研究的最基本的主题和归宿。政府工具的选择使用有一些原则性的规范，受到各种主客观因素的制约。胡德（Hood）提出了工具选择的 4 项原则：（1）只有在充分考虑到其它可替代方案时，我们才能确定那种工具被选择；（2）工具必须与工作相匹配，没有哪种工具能够适应所有环境，因此政府需要针对不同的环境选择不同的工具；（3）选择必须不太残忍，工具的选择必须符合一定的伦理道德；（4）有效性并不是唯一追求目标，理想结果的达成必须以最小的代价来换取。国内学者张成福则认为需要考虑 7 个方面的主要因素：（1）各种政府工具都有其优缺点，并无绝对的优劣；（2）在选择政府工具时，公共利益是基本的出发点；（3）政府工具的选择必须是理性的，而且必须以多元理性为基础；（4）在选择和评估不同政府工具时，其标准也应该是多元的；（5）政府工具的选择必须考虑到多元利害关系人；（6）不同工具的效果取决于各种因素，并不完全取决于工具本身；（7）在当代社会，公共问题的复杂性，使得任何单一的政府治理工具都不足以完全解决某一公共问题。彼得斯整理比较政治相关文献的，筛选出政府工具选择的 5 项主要因素“5I”框架：（1）观念（Ideas），观念和意识形态影响政府工具选择；（2）利益（Interests），一般都将政治理解为个人或集体对于利益的追求和价值的权威性分配；（3）个人（Individuals），某些个人对于政府工具的选择扮演了较具影响力的角色；（4）制度（Institutions），在特定的制度下可能形成对于政府工具的偏好，政府一般都偏好所熟悉的工具，因为能够预期其运用的结果，并且相信它能达成所设定的目标；（5）国际环境（International Environment），国内政策与国际政策间的界线日愈模糊，来自其他国家、国际组织或国际协议的国际压力已经成为公共管理的一项关键因素，也影响了政府对于工具的选择。参见陈振明等著《公共管理学（第二版）》，中国人民大学出版社 2017 年 4 月版第 183 ~ 186 页。

第五章

城市道路交通供给调控

城市道路交通问题本质是交通供给无法满足交通需求。解决城市道路交通问题，首先是扩大供给，缩小供需缺口。但由于城市资源有限，不可能无限扩大供给，只能在有限范围内适当、合理增加交通供给。城市道路交通涉及规划、建设、管理“三大环节”，规划、建设是城市道路交通供给的起点。要治理城市道路交通问题，必须推动城市道路交通治理的“供给侧结构改革”，解决好规划、建设源头问题。

一、城市规划引导

城市规划是对一定时期内城市的经济和社会发展、土地利用、空间布局以及各项建设的综合部署、具体安排和实施管理，主要包括城市总体规划、控制性详细规划、修建性详细规划等规划❶。城市规划由城市发展战略、城市职能、城市性质、城市规模、城市发展方向、城市发展目标决定，同时又决定了城市结构、城市布局、城市形态、城市分区，是影响和制约城市道路交通的最重要因素。❷ 交通影响土地使用，土地使用影响交通。❸ 在一定意义上，城市规划建设决定了城市道路交通；城市道路交通中出现的问题，都能从规划建设阶段找到原因。要解决城市道路交通问题，必须追根溯源解决城市规划建设阶段问题。

1. 优化完善城市结构

城市空间结构布局是决定城市道路交通的核心。各地应当根据城市地理地形、生态环境、区域地位、功能定位、产业现状，因地制宜构建“核、主、副”“主、辅、点”“轴、点、区”“带、轴、团”“轴、带、廊”“环、廊、区”等多中心、组团式、分散式城市空间结构❹，摒

---

❶《中华人民共和国城乡规划法》第2条第2款规定：本法所称城乡规划，包括城镇体系规划、城市规划、镇规划、乡规划和村庄规划。城市规划、镇规划分为总体规划和详细规划。详细规划分为控制性详细规划和修建性详细规划。

❷《中华人民共和国城乡规划法》第十七条规定：城市总体规划、镇总体规划的内容应当包括：城市、镇的发展布局，功能分区，用地布局，综合交通体系，禁止、限制和适宜建设的地域范围，各类专项规划等。

❸ 参见［美］兰德尔·奥图尔著《交通困局》，上海三联书店2016年6月版第53页。

❹《北京城市总体规划（2016年—2035年）》提出“一核一主一副、两轴多点一区”的城市空间结构。《上海市城市总体规划（2017—2035年）》提出“一主、两轴、四翼；多廊、多核、多圈”的市域总体空间结构。《成都市城市总体规划（2016—2035年）》提出“一心两翼三轴多中心”的市域空间结构 。《西安国家中心城市建设实施方案》提出大西安“三轴三带三廊一通道多中心多组团”的空间格局。《河北雄安新区规划纲要》提出“一主、五辅、多节点”的新区城乡空间布局。

弃“单中心”“摊大饼”式的空间布局，从源头解决“单中心＋环线”的城市交通结构弊病。同时，应当明确城市的生态保护红线、永久基本农田和城镇开发边界“三条控制线”，界定城市发展极限边界，避免盲目扩张带来新的交通问题。

例如日本东京的城市空间结构发展历经4个阶段。1958—1981年间的东京为“单中心城市”。1982—1999年间，东京依靠发达的轨道交通和放射型高速公路，试图纠正过去“单中心城市”，将商业产业功能向副都心及多摩地区等多中心分散，形成职住平衡的城市空间结构，向“多中心城市”转变。2000—2016年间的“环状大型城市群”依靠逐渐完善的三条环状道路创建大东京都市圈，进一步承担首都功能，打造多功能集约型城市群，通过强化区域交通基础设施，实现城市建设由需求满足型向政策引导型的转变。2017年东京提出的“交流、合作、应对挑战型城市”目标，以环状大型城市群结构为骨架，依托自然资源和交通资源形成的框架性城市空间基础，强调轨道交通线网与干线道路网络并重，实现人、物、信息的自由移动和交流。其中：中央环状线内为中枢广域中心，内部设置“国际商务交流区”，强化东京作为国际经济活动中心的集聚功能；东京都于外环道和圈央道之间形成多摩广域中心，内部设置“多摩创新交流区”，引导职住平衡，形成新城产业集聚与创新发展；其他都县于外环道和圈央道之间形成埼玉广域中心、筑波·柏广域中心、千叶广域中心和横滨川崎木更津广域中心。[1]

2. 混合城市功能布局

土地的单一功能利用可能导致社会分裂。[2] 城市功能单一分区，必然带来交通压力。《雅典宪章》提出城市规划的目的是解决居住、工作、游憩与交通四大活动功能的正常运行。要解决交通问题，必须对产生出行需求并影响交通的“居住、工作、游憩”功能布局进行优化。实现城市多中心组团，不仅要实现物理空间的多中心，更主要的是实现功能配置的多中心。应当根据城市产业分布、人口规模、城市结构，在不同城市组团中分散设置工业区、居住区、商业区、文教区、商务区、仓储区等不同功能区，使住宅与工作、教育、医疗、购物、娱乐等与城市生活密切相关的用地就近布局、相互嵌入，构建组团“社区-邻里-街坊”三级“生活圈”，混合土地使用，混合建筑类型，实现职住均衡，从根本上减少不必

[1] 参见微信公众号“cityif”，2019年9月12日，《东京2040》系列解读之四：《东京的城市交通规划——面向未来、自由出行、促进交流的城市交通规划（上）》。

[2] 在20世纪早期，现代规划提倡单一功能利用，把居住用地从工厂、商业和社会用途中分离出来，并按同等收入群体设计居住区域。这种政策的消极面在于它阻碍了低收入群体和不同种族背景的人对城市设施的使用，从而减少了市民互动和社会整合的机会。这种类型的设计造成了经济学上的机会成本，因为它妨碍了生产活动中的协同效应和相互刺激。单一用途，连同低密度，刺激了私人交通的使用，侵蚀了公共交通网络的生存能力，进一步加剧了少数特权阶级的社会隔离。混合利用不是一种新的方法。它是城市群存在的理由，是汽车诞生以前城市的标准规范，先于现代规划实践出现。混合利用是指三种或更多重要的收益性使用共同存在。消除区划壁垒，实现混合兼容利用，可以产生以下效益：（1）社会效益，使更广泛的社会阶层人口获得服务与城市便利，为不同家庭类型增加了居住选择，通过增加行人的数量增强了地方的安全；（2）经济效益，通过更多时段、更多活动的聚集，吸引潜在的消费者，增加了交易和贸易的商业潜力，也将带来营业税的增加。接近居住区的商业用途通常具有更高的房产价值，有助于提高地方税收收入；（3）基础设施效益，减少了对通勤出行的总体需求，缩短了平均行程距离，同时也减少了汽车的使用。此外还使得道路建设的需求最小化，减少了建设停车场所需的土地量，混合土地利用也为公共交通、步行和骑自行车提供了更广阔的基础。参见联合国人居署编著《城市规划——写给城市领导者》，中国建筑工业出版社2016年4月版第28页。

要的交通出行，从源头上彻底解决“潮汐交通”问题。例如韩国首尔制定了《2030 首尔城市基本规划》，提出“充满沟通与关怀的幸福城市”愿景，将首尔建设成为“让市民倍感幸福的城市”。其中以生活圈为单位，对2030 首尔规划中的愿景、核心目标与战略、空间结构等内容进行具体化阐述，共设定了5 个生活圈：

（1）城中圈：“强化历史文化中心地位与国际竞争力”，提高可持续发展的动力和竞争力，进一步强化历史文化特色，提升市中心的价值。

（2）东北圈：“强化自足功能，创造就业机会，为地区注入活力”，通过强化薄弱的中心功能和就业基础，促进均衡发展。

（3）西北圈：“创新文化产业特色化，促进地区共同体的良性发展”，以新村·弘益大学区为中心，兼顾优良的自然环境与本地社区特点，系统地进行居住区管理。

（4）西南圈：“通过准工业区创新，培育新兴产业，强化居民生活基础”，引领首尔新兴产业，创造新的就业机会与未来首尔发展动力，同时发展成为具备舒适生活环境的地区。

（5）东南圈：“强化国际商务与商业功能，进行现有居住区规划管理”，维护和强化商务与商业中心区应有的持续性发展和舒适的城市生活环境。根据大都市圈需求，扩充和延长内部铁路网，与中心区体系进行整合连接，形成地区之间良性沟通与共享所需的空间结构，提升首尔大都市圈竞争力，同时通过“职住邻近”实现节能型城市结构。[1]

3. 均衡优质资源分布

城市道路交通出行的“不平衡”与城市优质资源分布的“不均衡”有密切关系。城市中心聚集的高端商务、优质教育、最好医疗等优势资源，像磁铁一样吸引城市外围交通源，是“向心交通”的重要原因。应当根据城市结构、空间布局、人口分布、组团规模，完善产业空间布局，引入优质教育、医疗等资源，强化扁平化、均等化的公共服务格局，构建“城市-组团-社区”的公共服务设施体系，让城市居民就近入园、就近入学、就近就医，减少远程出行需求，在家门口就能获得均等的公共服务，切实提升宜居、宜业、宜游的城市生活品质，减少远距离交通出行。例如《河北雄安新区规划纲要》明确要求，布局优质公共服务设施，构建城市基本公共服务设施网络，构建社区、邻里、街坊三级生活圈。社区中心配置中学、医疗服务机构、文化活动中心、社区服务中心、专项运动场地等设施，形成15 分钟生活圈。邻里中心配置小学、社区活动中心、综合运动场地、综合商场、便民市场等设施，形成10 分钟生活圈。街坊中心配置幼儿园、24 小时便利店、街头绿地、社区服务站、文化活动站、社区卫生服务站、小型健身场所、快递货物集散站等设施，形成5 分钟生活圈。

4. 疏解转移产业资源

城市产业结构、布局、规模对城市道路交通影响至关重要。一个城市的城市战略、城市性质、发展方向，决定了城市功能、产业结构、产业布局。城市空间资源有限，不可能容纳所有产业、所有功能。国家提出以城市群为主体构建大、中、小城市和小城镇协调发展的城

[1] 参考王周杨撰写的《“2030 首尔规划”概要与特点解读》，《上海经济》2015 年第8 期。

镇格局。❶ 超大、特大城市应当根据自己在城市群中的定位，对不符合城市功能、发展方向的产业、产能、功能，向周边大中小城市疏解转移，进行“瘦身”、优化“功能”、增强“体质”，实现超大城市、特大城市、大城市、中等城市、小城市紧密联系、协同互动、分工合作、功能互补、错位发展，进而带动产业转移、单位搬迁、人口疏解，减少超大、特大城市和城市中心区道路交通发生源，以功能疏解解决“城市病”。对城市产业疏解腾退空间，可以合理分配、增设完善、调整优化交通市政基础设施建设，补齐城市道路交通设施“历史欠账”，改善城市人居环境。例如《河北雄安新区规划纲要》明确要求，雄安新区作为北京非首都功能疏解集中承载地，与北京城市副中心形成北京发展新的两翼，共同承担起解决北京“大城市病”的历史重任，有利于探索人口经济密集地区优化开发新模式。例如《长江三角洲区域一体化发展规划纲要》明确要求，加快都市圈一体化发展，推动都市圈同城化。推动中心城市非核心功能向周边城市（镇）疏解，在有条件的地方打造功能疏解承载地。推动都市圈内新型城市建设，打造功能复合、智慧互联、绿色低碳、开放包容的未来城市。

5. 公共交通主导开发

公交优先已成为社会共识。城市规模的拓展必须由公共交通支撑保障。应当坚持“以公共交通为导向的土地开发模式”（Transit-Oriented-Development，TOD）❷ 或“高强度公共交通导向开发模式”（High-Density Transit-Oriented-Development，HDTOD）❸，促进土地综合利用开发，以地铁、轻轨等轨道交通及公交干线站点为中心，以 400～800 米（5～10 分钟步行路程）为半径，将“城市空间”与“车站空间”融合，通过开发高层建筑和地下空间形成立体“垂直城市”，构建工作、商业、文化、教育、居住一体化的“住宅＋大型商业”“办公＋大型商业”“住宅＋大型商业＋办公”“住宅＋大型商业＋车辆段”“住宅＋大型商业＋办公＋车辆段”等“混合用途”组团❹，并实现“城市中心-城市组团”“城市组团-城市组团”之间公共交通连接，促使公众就近生活、消费、娱乐，并主要通过轨道交通或

---

❶ 参见中国共产党第十九次全国代表大会报告《决胜全面建成小康社会，夺取新时代中国特色社会主义伟大胜利》。

❷ TOD 开发模式由新城市主义代表人物彼得・卡尔索尔普提出，是为了解决二战后美国城市的无限制蔓延而采取的一种以公共交通为中枢、综合发展的步行化城区。其中公共交通主要是地铁、轻轨等轨道交通及巴士干线，然后以公交站点为中心建立集工作、商业、文化、教育、居住等为一体的城区，以实现各个城市组团紧凑型开发的有机协调模式。TOD 是国际上具有代表性的城市社区开发模式。城市重建地块、填充地块和新开发土地均可以 TOD 的理念来建造，TOD 的主要方式是通过土地使用和交通政策来协调城市发展过程中产生的交通拥堵和用地不足的矛盾。参见“360 百科”，http：//baike. so. com/。

❸ HDTOD 是指在大型公共交通站点起计算，在适宜步行的服务半径内进行的中等到高强度的城市开发，通常是一种居住、就业和商业混合开发，设计成方便步行，隔离车行交通的模式。HDTOD 可以是新开发项目或是通过对单个或多个建筑项目的更新改造来促进对公共交通导向的使用。有 10 项基本原则：（1）创造充满活力的生活空间；（2）建立新型社区中心；（3）提供混合用途功能；（4）旨在适当强度的开发；（5）构建立体的空间系统；（6）造就无缝衔接的都市空间；（7）成为多种交通模式的转换中心；（8）培育有利于健康的生活环境；（9）优化步行路径；（10）预先做好规划。参见任超编著《可持续高密度城市发展探索——当代香港城市规划与设计实践》，中国建筑工业出版社 2019 年 1 月版第 173～185 页。

❹ 参见任超编著《可持续高密度城市发展探索——当代香港城市规划与设计实践》，中国建筑工业出版社 2019 年 1 月版第 127～128 页。

“P + R”[1] 方式通勤、出行，减少私人小汽车使用，构建“轨道上的城市”。

二、交通规划调控

城市道路交通规划是城市道路交通的规模、结构、布局建设方案。[2] 城市总体规划是城市道路交通规划的前提和基础，城市道路交通规划是城市总体规划的深化和延伸。城市道路交通是城市发展的支撑，只有交通发展和城市发展互相衔接、深度匹配，才能减少城市道路交通问题。因此，必须建立与城市用地发展相匹配的、完善的城市交通系统，协调好城市道路交通系统与城市用地布局的关系、与城市对外交通系统的关系，协调好城市中各种交通方式之间的关系。

1. 改造升级路网结构

城市路网是城市道路交通的基础，必须综合考虑城市空间布局、开发密度、用地性质、交通流量、对外交通等情况，根据城市地形、地物、河流、气候、环境、历史等因素，结合城市修补改造，规划设计适应本地的“纵、横、环、射”路网结构。构建完善城市快速路、主干路、次干路、支路功能清晰、级配科学、连接顺畅的路网系统，消除交通瓶颈点、畸形路口和断头路，既确保道路的“机动性”，又保障道路的“可达性”。落实“小街区、窄马路、密路网”理念[3]，加强支路、街巷建设改造，打通道路微循环，提高支路使用率。坚决摒弃“为车修路”思想，纠正通过修建“高架桥”“高架路”[4] 解决交通拥堵的“常识偏

---

[1] P + R（Park and Ride）即换乘停车场，早上驾车停进换乘停车场，然后换乘轨道交通去工作单位，下班后再坐轨道交通到达换乘停车场，驾车回家。

[2] 交通规划分为广义的交通规划和狭义的交通规划。广义的交通规划包括交通设施体系布局规划、交通运输发展政策规划、交通运输组织规划、交通管理规划、交通安全规划、交通近期建设规划等。狭义的交通规划主要是指交通设施体系布局规划和近期建设规划。本书所指的交通规划是狭义的交通规划。

[3] 巴塞罗那近年来提出了“大街区”（Superblock）规划革新，旨在解决机动车的大量使用带来的城市 NO_2 和 PM10 排放超标、环境噪音严重、局部交通拥堵和道路资源闲置等诸多问题。大街区规划理念倡导把城市道路空间归还给市民，让街道充满生活。通过减少人们对私家车的依赖和使用，降低环境污染，创造更绿色、更干净和更加适于步行的街区城市。大街区的规划理念可概括为：（1）通过减缓机动车的道路通行速度，鼓励道路空间的新用途（如休闲、交往等），以复兴道路公共空间；（2）整合和优化公共汽车和慢行系统的衔接，提倡自行车和步行出行，同时重新安排大街区的货运交通，减少交通噪音和排放，创造更可持续的城市交通；（3）改善道路绿化，增加微型绿地以吸引鸟类栖息，通过增加街区绿化来串联分散的绿地，形成绿色廊道，增强生物多样性和城市生态；（4）增强公共服务设施的步行可达性，推动街区生产性活动，创造就业岗位和促进社会融合。参见廖开怀、蔡云楠撰写的《重塑街区道路公共性——巴塞罗那“大街区”规划的理念、实践和启示》，《国际城市规划》2018 年第 3 期。

[4] 高架桥对整个城市的公共空间、交通、灵活性、景观形象的影响都很大，使城市失去独特性和可识别性。高架桥一多，城市尺度就变了，汽车尺度跟人的尺度是冲突的。这是完全忽略和藐视原有城市文化和环境的做法。从国外修建高架桥的历史看，1964 年日本为举办奥运会修建了大量高架桥，开创了世界城市建高架桥的先河。以后，美国、欧洲相继也修高架桥。进入 20 世纪 90 年代，国外开始拆高架桥。美国波士顿、芝加哥均开始陆续拆除城市里的高架桥，城市道路的发展转向建地下隧道，地面则尽量留给人一个良好的居住环境。此外，日本、瑞典、挪威、芬兰等国家也相继拆高架桥。西方主要发达国家进入后工业化时代和后机动车时代，更加强调人性化的城市环境。参见张蔚然撰写的《高架桥拆建：汽车尺度与人的尺度的冲突》，《中国新闻周刊》2008 年第 24 期。

见”，避免陷入“布雷斯悖论”[1]，让城市回归到“以人为本”的“原初状态”。探索利用地下空间建设“地下路网”，在商业集中区域打通各“孤立”停车场，实现地下路网连通，构建地上＋地下立体平行路网，将地面处理导入地下分流疏散[2]。

2. 优化完善道路断面

城市道路界面是一个整体，必须坚持城市道路空间完整统筹规划，推动道路横断面、道路绿化、退线空间和沿街界面一体化设计，实现街道空间与建筑空间的相互渗透，推动交通、绿化、建筑、景观、城市家具、艺术小品整体协调、一体融合，避免因城市道路空间由不同部门设计而导致的“割裂”。[3] 树立“伟大街道”“景观街道”“完整街道”“生活街道”理念[4]，摒弃“车本位”思想，坚持以人为本，按照行人、非机动车、公共交通优先原则，公平合理分配道路通行空间，让所有出行者，不论年龄、健康情况，不管使用何种交通方式，都能安全、便捷、舒适出行。提升街道活力，恢复街道交通功能、生活功能、景观功能和休闲功能，推动邻里交往交流、提高街道活力、提升土地价值，打造更安全、更通达、更绿色、更温馨、更艺术、更有活力的城市街道。

3. 建设综合交通枢纽

综合交通枢纽作为交通建筑与城市设计的结合点，已纳入城市设计范畴，成为城市发展策略中要考虑的一部分。综合客运枢纽作为城市规划的一个重要标志，已从单一功能转向多

---

[1] “布雷斯悖论”（名字来自德国数学家迪特里希·布雷斯）是指在一个交通网络上增加一条路段反而使网络上的旅行时间增加；这一附加路段不但没有减少交通延滞，反而降低了整个交通网络的服务水准，这种出力不讨好且与人们直观感受相背的交通网络现象，主要源于纳什均衡点并不一定是社会最优化。参见“360 百科”，http://baike. so. com/。

[2] 杭州探索在未来科技城建设了“地下环路”。这个地下环路，是未来科技城核心区地下空间项目的一部分，专门用来通车，把有限的地面空间让出来给行人、非机动车和少部分机动车，实现最大限度的人车分流。这不但大大提高车辆通行效率，行人安全也有保证。整个地下环路，主环就是路面的余杭塘路、创景路、向往街、景兴路垂直相交的地下道路，环绕成一个“口”字形，全长4400米左右，为地下3车道逆时针单向运行。这也是杭州首条地下环路。地下环路共有9个出入口。余杭塘路上两对进出口，创景路和景兴路上各有一对出入口，向往路西侧，有一个出口。不过地下环路最大的亮点，是在车行环路上预留了15个连通口。通过这些连通口，能和奥克斯未来之城、EFC欧美金融城、华夏之心、沙田酒店、爱力领富大厦、新湖未来中心、万通中心及地铁5号线创景路站、机场快线、公园绿地等15个商业综合体、交通设施等相连。这其中有不少是未来科技城的当红楼盘。也就是说，车辆走地下单循环道路，就可以拐入各家楼盘的地下车库或直接驶入地下空间的商业综合体。参见《杭州首条地下环路预计年内投入使用 地面让给行人》，《都市快报》2019年3月19日。

[3] 2016年上海发布《上海市街道设计导则》，提出从理念、方法、技术、评价四个方面推动从“道路”到“街道”的转型发展：理念方面，由“主要重视机动车交通”向“全面关注人的流通和生活方式”转变；方法方面，由“道路红线管控”向“街道空间管控”转变；技术方面，由“一般的工程设计”向“整体空间景观环境设计”转变；评价方面，由“强调交通效能”向“促进街道与街区融合发展”转变。参见微信公众号“全心全意”，2017年12月7日，《“回归街道生活，塑造活力街区”——〈上海市街道设计导则〉及相关规划实践》。

[4] 除了满足通行、安全等基本要求外，伟大街道应该是景观街道、完整街道和生活街道。（1）景观街道：街道不仅仅是交通功能，同时也是城市风貌和景观重要组成部分。（2）完整街道：街道不仅仅是为私家车服务，行人、自行车和公共交通等都应该有自己的一席之地。（3）生活街道：街道不仅仅是道，还是街，是大家公共活动的空间，是市民生活的一部分。（4）智慧街道：街道不仅仅是历史，还要与时俱进，引入互联网＋科技、以及绿色低碳技术。参见《伟大街道研究系列2：什么是伟大街道，如何做?》，“360doc 个人图书馆”，http://www. 360doc. com/。

功能、综合化发展，不仅需要满足多种交通方式之间的接驳与换乘需求，还需要兼顾购物、休闲、娱乐、信息交流等功能，并作为城市景观建筑。综合交通枢纽是城市内外交通网络以及不同区域交通网络间衔接换乘的关键，应当按照“零距离换乘”要求，将多种运输方式及其转换场所在同一空间内集中布设，实现城市轨道交通、地面公共交通、市郊铁路、私人交通等设施与干线铁路、城际铁路、干线公路、机场等紧密衔接，并通过开放式、立体化方式同站换乘，提高集散效率，改善乘客体验。建设综合交通枢纽是落实 TOD 开发模式的最佳方式。大规模客流集聚使枢纽区域内充满商机活力，应当坚持多元化功能融合发展，将枢纽的交通功能、空间和城市一体化设计建设，将综合交通枢纽与城市功能区相互融合、统筹内嵌、混合开发，把交通枢纽演变为包括商业、文化、娱乐等功能在内的城市综合体，满足人们通勤、购物、办公、娱乐等需求，实现整个区域高强度开发、高密度使用、土地综合利用，努力打造“建在枢纽上的城市”。

4. 完善物流配送网络

城市物流配送是城市生产、生活的重要保障，也是产生“高强度交通流”的重要领域。应当优化物流用地布局，根据城市空间结构、产业布局、生产需求、生活需要，综合考虑物流发展用地，统筹优化安排物流用地选址，科学布局物流园区、分拨中心。优化物流配送体系，构建“物流园区-物流中心-配送中心-末端网点”四级配送物流网络，形成层次分明、级配合理、相互协调、衔接顺畅的物流配送格局，优化各级物流配送交通方式的接驳，减少大型物流车辆直接进入城市中心区。完善物流配套网络，结合实际规划城市货运物流专用通道，健全沿线配送车辆停靠、装卸、中转、仓储场地，完善物流配套服务设施，推动物流运输、储存、装卸、搬运、流通、配送有机衔接、一体整合，形成物流配送整体网络系统，提升货运物流配送效率，减少物流车辆对城市交通的干扰。

5. 开展交通影响评价

城市新建项目会打破周边路网的交通均衡，必须进行交通影响评价（Traffic Impact Assessment，TIA）❶。应当通过专业机构，提前对城市新建建设项目功能定位、结构布局以及周边环境、路网结构进行研究分析，对建设项目投入使用后对周边交通系统运行影响进行预测评价，并通过优化建设项目内部交通设施、外部道路衔接、停车设施布局、周边路网改造等措施，将新建项目有机融入周边环境，努力减少新建项目对周边交通的影响，力争实现新建项目对周边交通“少增少减、少改少变、不改不变”的目标，坚决防止“新建一座楼、拥堵整条线、瘫痪一大片”的问题。

❶ 《道路交通安全法实施条例》第 3 条规定：县级以上地方各级人民政府应当建立、健全道路交通安全工作协调机制，组织有关部门对城市建设项目进行交通影响评价，制定道路交通安全管理规划，确定管理目标，制定实施方案。《建设项目交通影响评价技术标准》（CJJ/T 141—2010）规定了交通影响评价的技术要求。

第六章

城市道路交通需求管理

治理城市道路交通问题，本质上是解决城市交通资源的稀缺性问题。主要有两个思路：一是增加供给，不断扩充建设道路交通设施，以满足日益增长的城市交通需求，这是做“加法”；二是抑制需求，通过引导抑制城市交通需求，以实现城市道路交通资源无增长改善，这是做“减法”。

由于城市空间资源、交通资源有限，再加上受制于“当斯定律”，如果在政府对城市交通不进行有效管制和控制的情况下，新建的道路设施会诱发新的交通量，而交通需求总是倾向于超过交通供给，经过一段时间，新修建道路必然会造成新的拥堵。[1] 对此，S·斯塔雷斯（S·Stares）说过，道路建设是否能真正解决城市交通拥堵问题？将近半个世纪的世界城市道路建设给我们的答案是明确的：不可能。城市道路建设只能是解决城市交通问题方法的一部分。[2]

在吸取经验教训的探索实践中，世界各国普遍采取了“需求管理”（Traffic Demand Management，TDM）策略，即通过调整引导改变人们的出行观念和行为，科学控制机动车拥有和使用，来达到减轻城市交通拥堵的目标。当然，增加供给与抑制需求是并行不悖、相互补充的，城市道路交通治理既需要合理有序扩大供给，也需要科学有效地抑制需求，从而逐步缩小城市道路交通资源的供需缺口，达到供需平衡，缓解交通拥堵。

一、控制车辆总量

没有“过量”和“超饱和”车辆就没有交通拥堵。控制机动车保有总量是解决交通拥堵问题的“治本”之策。我国城市空间有限、能源短缺、大气污染严重，不能像美国那样

---

❶ 当斯对诱发的原因进行了研究，提出“三头齐发原则”，即如果在高峰时间特别拥挤的地段一旦大有改善，就会导致3种情况，而使改善全被抵消。（1）汽车驾驶者原来走别的路，现在都集中在这里；（2）汽车驾驶者本来在其他时间行车，现在同时集中在一起；（3）汽车驾驶者本来乘坐公共交通，现在驾车通过此一改善地区。参见“360百科”，http：//baike. so. com/；苏珊·E·布罗迪撰写的《土地使用与城市交通规划》，《国外城市规划》1996年第2期。

❷ 转引自全永燊、刘小明等著《路在何方：纵谈城市交通》，中国城市出版社2002年1月版第20页。

任由机动车自由无限地发展。❶ 各城市应当根据当地经济社会发展、城市空间结构、城市道路资源等情况，科学确定当地机动车特别是小汽车的“增长极限”“控制红线”“总量高线”，合理调控当地机动车保有量的发展趋势。

1. 随机摇号购车

政府设定年度或月度小汽车增长数量和购置指标，居民可通过随机摇号的方式无偿取得定额机动车购车资格。无偿随机摇号方式体现了社会公平，但会刺激非刚性购车需求，现实中会出现“有刚性购车需求的人摇不到号、没有刚性购车需求的人反而摇到号”的不合理情况。因此，需要平衡好刚性和非刚性购车需求，不断完善抽签摇号规则。例如可以根据抽签摇号时间长短，提高“久摇不中”者的中签概率。

2. 拍卖购车指标

政府设定年度或月度小汽车增长数量和购置指标，居民可通过拍卖、报价等方式，有偿取得定额机动车购车资格。有偿拍卖体现了效率，价高者获得购车资格，提高了购置机动车的经济成本，能够直接有效地抑制非刚性购车需求，但容易被质疑是“为富人服务”，造成社会不公平现象。例如新加坡 1990 年开始实施强制性的车辆定额配给制度（Vehicle Quota System，VQS），车主在注册新车之前必须通过竞标获得车辆拥有许可证，政府每个月根据当前的道路交通状况以及永久性离开道路系统的车辆数来决定发放许可证的数量，实质上是通过计划车辆注册指标干预购买行为，该措施有效地实现了严格控制小汽车总量的交通目标。❷

3. 家庭限购车辆

根据户籍登记情况，对每个家庭购车数量进行限制，原则上一个家庭只能保有一辆车。家庭限购既照顾了家庭购车需求，体现了公平公正，又能限制车辆过快增长，但需要平衡好刚性和非刚性购车需求之间的关系，可以探索“家庭购车指标”进入市场流通交易的可行性。

4. 单位限购车辆

根据单位规模和人员数量，限制机关、企事业单位、社会团体的购车数量，引导单位尽量购置大中型客运车辆集约出行，引导干部职工尽量选择公共交通通勤。公车是使用频率较高的车辆，对其实行总量控制，可以从源头减少路面交通流量。

---

❶ 汽车为私人选择提供了便利，但是这种好处是以消耗更多的土地修建道路和停车场为基础的。汽车的土地消耗和基础设施成本是城市预算的重要部分，这种成本由驾驶者和非驾驶者大量补贴。以汽车为中心的城市更加拥堵，由尾气、烟雾和其他污染物导致的公共健康成本更高，还包括其造成的静态生活方式导致的公共健康成本。城市的汽车越多，就容易导致更多的交通事故，这产生了大量的生命财产损失。同时汽车也损害了街道和社区生活质量。参见联合国人居署编著《城市规划——写给城市领导者》，中国建筑工业出版社 2016 年 4 月版第 54 页。

❷ 参见微信公众号“交通言究社”，2018 年 10 月 17 日，《交通需求管理有何意义？国外有哪些可供借鉴的交通需求管理经验呢?》。

5. 实行有位购车

购车以车位为前提，居民需要先拥有固定停车泊位，再凭停车泊位证明取得购车资格。有位购车实质是“以路定车”“以路定量”“以供定需”，能够合理分配道路资源。但停车泊位证明容易造假，如果监督检查跟不上，容易滋生灰色产业链。例如日本1962年制定实施《关于确保汽车保存场所的法律》，俗称“车库法”，其中规定：汽车保有者如不提交有关保管场所的书面证明，将不能进行车辆登记上牌。这在一定程度上抑制了汽车保有量的增长，但也遇到了停车场经营者的过量签约，有的停车场经营者制造了一万份“使用承诺书”出售，被称为“空中楼阁式”的申请；也出现了人住在城内、车辆保管也在城内、而车库登记在郊外的“车库飞行”式违法。❶

6. 提高拥车成本

通过提高机动车注册登记费、购置税、年度牌照费等方式，增加车辆购置成本，提高车辆拥有成本，从而抑制非刚性购车需求。税费抑制就是把车辆定位为“奢侈品”，提高拥车成本，降低居民的购车欲望，从而限制购车数量。例如中国香港地区对新购进使用的汽车征收汽车首次登记税，以汽车的价值为计税依据，私家车价值中最初的15万港币税率为35%；其次的15万港币税率为65%；再次的20万港币税率为85%；余额税率为100%。同时，根据汽车排放量，每年还需缴纳不菲的年度牌照费。❷

二、抑制车辆使用

没有车辆过度使用就没有交通拥堵。抑制车辆使用量是解决交通拥堵的源头之策。各城市应当根据当地城市功能布局、城市路网结构、城市道路容量、机动车辆数量、交通系统特点、居民出行规律等，科学限制或抑制机动车，特别是小汽车出行，从而减轻道路通行压力。

1. 实施车辆限行

采取“短缺供应”措施，通过在一定时间段内限制一定车辆在一定区域内通行的方式，直接减少道路上的车辆，缓解道路交通拥堵。车辆限行分为尾号限行、路线限行、区域限行、时间限行等方式。车辆限行是最直接、“最粗暴”的减少车辆通行方式，效果立竿见影。但当通过车辆号牌确定限行规则时，容易刺激一个家庭购置两辆以上车辆，如果没有其他跟进配套措施，假以时日限行效果会“大打折扣”、逐渐减弱直至消失，后果是必将进一步加剧城市交通拥堵。例如新加坡1991年出台了“周末用车计划”，参加这项计划的车主在交通高峰时不能使用车辆，但是可以在平峰时使用，车主可以借此获得车辆注册费和道路

❶ 参见微信公众号“cityif”，2017年2月14日，《日本是如何根治乱停车的？——日本有位购车制度的立法背景和实施过程》。

❷ 参见陆化普、王长君、陆洋著《城市交通拥堵机理与对策》，中国建筑工业出版社2014年7月版第116页。

使用税减免。这项计划使得新加坡在车辆数量持续增加的情况下交通状况没有过度恶化。[1]

2. 限制车种通行

通过在一定时间、一定区域内禁止一定车种通行的方式，减少非刚性需求车辆挤占刚性需求车辆的道路通行资源，提高道路通行效率。在交通早晚高峰期间，可以适当禁止货运车辆通行，也可以通过调整作业时间限制环卫车辆通行，保障通勤车辆的通行空间。车种禁行应当避免“一刀切”，特别是应坚决避免全天24小时“禁货”，必须为货车进城预留通行时间窗口，平衡好城市缓堵需要与物流需求之间关系。

3. 高峰拥堵收费[2]

按照“谁消费、谁买单”和“谁使用、谁付费”的市场化原则，对在交通高峰拥堵时段，在城市中心区重点路段通行的机动车收取一定费用，从而抑制和减少高峰时段进入重点区域的车流量，避免重点区域交通过度集聚。拥堵收费是交通拥堵“外部性”“内部化”的一种手段，主要是利用价格机制，限制城市重点区域高峰期的“向心交通”车流密度，减轻道路交通压力。例如为缓解城市中心区的拥堵状况，新加坡、伦敦等城市都实行拥堵收费制度。新加坡是全球最早开始实施拥堵收费的城市，从1975年开始向进入市中心限制区道路的车辆收取拥堵费，称为区域许可计划（Area Licensing Scheme，ALS），后来扩展到主要快速路的道路收费计划（Road Pricing Scheme，RPS），从1998年开始在世界首创通过电子

---

[1] 参见微信公众号“交通言究社”，2018年10月17日，《交通需求管理有何意义？国外有哪些可供借鉴的交通需求管理经验呢?》。

[2] 道路收拥堵费的想法，很多人接受不了，提出各种各样的质疑。（1）最常见的一条，就是“不反对收拥堵费，关键是钱用在哪里”。持这种观点的人，其实还没有完全理解收拥堵费的意义。收拥堵费是为了让道路产生排他性的使用权，让这条道路不至沦为公地悲剧，让这条道路仍然是路，而不是停车场。无论收取的拥堵费用在哪里，收拥堵费本身都是有意义的。拥堵费收了以后政府能不能善用拥堵费是一回事，该不该收拥堵费是另一回事。（2）还有人说，别老是想着收拥堵费，道路拥堵的关键是城市道路规划设计得不合理，先把不合理的问题解决，再说收拥堵费的事情。这种说法也没有理解收取拥堵费跟优化城市道路设计之间的关系。其实这两个做法并不矛盾，可以双管齐下。一个城市的道路设计得无论多么完善，到一定程度它还是会发生拥堵的。更何况，一个城市设计得越得当，提供的服务越周到，来这个城市生活的人可能就越多，拥堵只是迟早的事情。相反，有些城市规划得不好，发展得也不好，住在那里的人就会越来越少，想让它产生拥堵都很难。（3）还有一种观点认为收费不能够刺激供给。经济学上说价格能够刺激供给，那是有条件的。比如玉米的价格高了，种玉米的农民就多了，玉米的供给就会增加。但是对于道路，收了拥堵费之后，出行的成本增加了，但不会因为收了拥堵费，上班的路就多出几条车道来。提价不能够刺激供给，所以不能随便提价。收拥堵费当然不能够多出几条车道，但是收了拥堵费以后，那些需求比较弱的人就会被劝退，他们空出来的道路实际上就是增加了供给。我们在介绍需求定律时说过，供给和需求并没有截然的区分，只要价格上升到一定程度，原来的需求者就会变成供给者。这个道理，用在治堵问题上也完全适合。拥堵费越高，人们就越乐意把道路让出来。（4）还有人会说，如果这条路征收了道路拥堵费，其他的道路就会产生新的拥堵。这是自然的。我们要让每一条道路都有其价格，都通过价格来调整。猪肉贵了牛肉当然会贵，牛肉贵了鸡肉也会贵，这时候人们就可以根据不同食品的稀缺程度，来选择他们的需要，从而使资源能够达到最佳的配置。（5）还有很多人认为收拥堵费对穷人是不利的。在我看来恰恰相反，收拥堵费是对富人的惩罚，是对那些在上班高峰期还坚持一个人开一辆车的人的惩罚。而穷人——哪怕连公共汽车都要交拥堵费（我们先不考虑公共汽车是否应得到豁免）——可以联合起来，十几个人、几十个人一起跟那些一个人开车的富人竞价。每当在冬天上下班时间经过公交车站，看着密密麻麻的人群在等公交车时，我就想，如果真的能收交通拥堵费，公交车都能准点到达，那他们每一个人只需要多付几分钱或几毛钱，就都能够得益了。参见薛兆丰著《薛兆丰经济学讲义》，中信出版集团股份有限公司2018年7月版第235～239页。

道路拥堵收费系统（Electronic Road Pricing，ERP）进行收费。新加坡 ERP 的效果非常显著，在机动车保有量增长 3 倍以上的情况下，早高峰时间进入城市中心区的交通流量居然低于 40 多年前尚未收费之时。[1]

4. 提高税费调节

通过提高燃油税、提高油气价格，“多用多缴、少用少缴、不用不缴”，从而达到增加机动车出行成本、降低机动车使用频率的目标。应当制定政策对自愿停驶的车主提供配套优惠，建立机动车长时间停驶与保险优惠减免挂钩制度，让自愿停驶者“得实惠”“获益处”，从而达到“可拥有、少使用”、降低机动车使用强度的目的。

三、提高出行效率

提高道路资源使用效率可以缓解交通拥堵。提高出行效率是缓解交通拥堵的“变通”之策。各城市应当根据当地经济社会发展、城市路网结构、交通系统特点、居民出行规律等，通过调节时间资源、转换出行方式、信息引导调控，实现道路资源使用效率最大化。

1. 实行错时通勤

通过“弹性工作制”“在家远程办公”“错时上下班”“错时上下学”等方式，调整不同类型交通流出行时间次序，“以时间换空间”，将不同类型交通流出行时序分离，从而避免同一时段交通流过度集中，引发拥堵。“以时间换空间”其实就是均衡交通流的时空分布，疏解集中的交通流，实现交通“削峰填谷”。例如美国探索实施了许多与工作有关的交通需求管理政策。“在家办公”，由于可以减少出行需求、降低道路交通量，同时能降低企业成本、减少企业和个人交通开支而受到青睐。“错开工作时间”，由业主设定开始上班时间，如上午员工开始上班时间为 15 分钟一个间隔，主要作用是拉平高峰期间的交通量。“压缩工作日”，允许员工在少数的几天比平常工作更长的时间，通常采用“4/10”（每周工作 4 天、每天工作 10 小时措施），减少车辆在工作日的行驶里程，鼓励员工在非高峰时间出发与到达。“弹性上班制”，允许员工在一定的时间范围内自行决定到达和离开办公场所的时间，即要求员工在指定时间点前后 1 ~2 小时范围内到达，工作 8 小时后即可离开，能鼓励员工避开拥挤时段，从而降低高峰时段交通量。[2]

2. 发展班车通勤

鼓励机关、企事业单位，特别是学校、医院等人员出行密集的单位，通过购置、租赁、共享、定制通勤班车、校车等方式，引导单位干部、职工、学生采用集约化的出行方式上下班、上下学，从而减少私人小汽车的交通流量对道路资源的占用。同时可以通过组织干部、职工自行拼车，促进集约化通勤出行，减少车辆空驶浪费。

---

[1] 参见陆化普、罗兆广、王晶著《城市与交通一体化规划：新加坡经验与珠海规划实践》，中国建筑工业出版社 2019 年 11 月版第 97 ~102 页。

[2] 参见微信公众号“交通言究社”，2018 年 10 月 17 日，《交通需求管理有何意义？国外有哪些可供借鉴的交通需求管理经验呢?》。

3. 推动多元公交

公共交通是缓解城市交通拥堵的核心。通过构建城市轨道交通、有轨电车、快速公交系统、常规公交、微循环公交等普通公交系统满足大众需求，通过发展商务班车、定制公交、社区公交等特色公交产品满足高端需求，不断推动公共交通“多元化”“差异化”“分众化”发展，不断提高公共交通的舒适度和吸引力，逐步提高公共交通分担率，减少公众对小汽车的过度依赖，从源头缓解交通拥堵。

4. 信息服务引导

现代信息技术为实施交通需求管理提供了重要途径。通过推进“互联网＋城市交通”建设，积极构建“主动响应需求、创新供给模式、高效共享资源、引导绿色出行”的需求管理模式，开发基于App的多模式交通信息服务平台，推动定制公交、共享公交、定制班车在线预约、即时服务、就近接送，引导公众优先选择绿色出行方式，有效促使城市路网流量均衡，提高路网运行效率。

第七章

城市道路交通结构转型升级

治理城市道路交通拥堵，优化城市空间布局、完善城市路网结构是源头治本措施。但由于城市空间布局、路网结构经过历史演进，已经逐渐成熟定型，形态基本固化稳定，几乎不可能推倒重来、大拆大建、全面改造。从中国香港、中国台北、新加坡、韩国首尔等亚洲城市交通发展实践看，一些路径和经验值得借鉴：有节制地建设大容量轨道交通，并与土地开发紧密配合；大范围开辟公交专用道，提供公交优先路权保障；发展多层次公交体系，包括中巴、小巴、支线公交和灵活公交等；适度完善道路网体系建设；对小汽车拥有、使用和停放实行高费用管制调控。❶ 在城市空间、路网结构基本稳定的情况下，治理城市道路交通拥堵应当借鉴国内外经验，最重要的出路就是“调结构、转方式、促转型”，推动“交通运输结构升级，交通出行方式转型”，通过构建公共交通、慢行交通主导的“绿色出行”体系，提升道路运输效率，实现城市道路交通“无增长改善”。

一、公交优先发展

城市公共交通建设是为社会公众提供基本出行服务的社会公益性事业和重大民生工程。城市公共交通包括供市民使用的各种交通工具，如地铁、轻轨、公共汽车、出租汽车等。相对于个体交通，公共交通提升道路通行能力，节约道路交通资源，体现社会公平，促进经济

❶ 参见杨涛撰写的《初论中国城市交通供给侧结构性改革与需求侧管制》，2017 年 2 月 2 日，澎湃新闻，https：//www. thepaper. cn/。

发展。公交优先发展战略是实现城市可持续发展、解决国内大城市交通拥堵问题的关键路径。❶ 应当按照国务院《关于城市优先发展公共交通的指导意见》的要求，加快转变城市交通发展方式，突出城市公共交通的公益属性，将公共交通发展放在城市交通发展的首要位置，着力构建以“轨道交通为骨干、地面公交为主体、特色公交为补充”的城市公共交通体系，创建“公交都市”❷，不断提升城市公共交通质量和服务保障水平。

1. 强化规划调控

强化城市总体规划对城市发展建设的综合调控，统筹城市发展布局、功能分区、用地配置和交通发展，倡导公共交通支撑和引导城市发展的 TOD 土地开发利用模式，科学制定城市综合交通规划和公共交通规划，确保城市公交线网与城市功能布局相互匹配、相互融合。

2. 基础设施建设

科学有序发展城市轨道交通，建设网络化、多模式、集约型的城市轨道交通系统和干线公交网络，满足适应“中心—组团”“组团—组团”的大客流出行需要。积极发展大容量地面公共交通，加快调度中心、停车场、保养场、首末站以及停靠站的建设。推进换乘枢纽及步行道、自行车道、公共停车场等配套服务设施建设，保障便捷换乘、接驳、衔接。

3. 加大政府投入

政府要将公共交通发展资金纳入公共财政体系，重点增加大容量公共交通、综合交通枢纽、场站建设以及车辆设备购置和更新的投入。减征或免征公共交通车船的车船税，落实对城市公共交通行业的成品油价格补贴政策，对城市轨道交通运营企业实施电价优惠。例如法国巴黎“公交优先”首先体现在公共交通税政策上，规定所有企业都要按工资总额每月上缴公共交通税，然后将公共交通税分配给公交企业，用于支付运营成本。巴黎不允许公益性

---

❶ 伦敦拥有世界上最庞大的城市公交系统，目前已建成地上与地下、轨道交通与公路交通相交，集地铁、轻轨、有轨电车、火车、公共汽车、水上交通于一体的立体化交通网络，伦敦市区公共交通出行占比 70% 以上。伦敦公交优先政策包括：（1）实施 TOD 模式，以公共交通引导城市发展，将车站与商业或办公中心相结合开发，伦敦中心区内任何一个地铁站都能很方便到达该区域的地标或商业体。（2）在基础设施建设方面，优化常规公交网络，增加新的轨道交通线路，扩大公交覆盖面，使 90% 的家庭在 400 米服务半径内有公共交通站点；整合公共交通换乘枢纽，建设大型换乘枢纽，实现“无缝换乘”；设置公交优先道，根据需要和路面情况开辟公共汽车逆行道，提高公交运营效率；改善车站的硬件条件，如安装电梯、修建公厕、增设指示牌等。（3）实行车票一卡通政策，方便乘客换乘。（4）提高公交系统的信息化、智能化水平；通过设置电子屏幕和监控，实时提供车辆、路况信息，便于乘客及时了解，合理估算出行时间；对公交运行实行现代化和智能化管理，通过流量监测、道路及车站管理，疏通公交运行中的各个环节，为市民提供多样化公交服务。（5）以人为本，创新服务模式，以客流需求为导向，开行社区公交、晚班车、按需响应公交（智慧微型公交 Smart Ride）等，为城市和乘客提供良好的全过程出行体验。参见微信公众号“都市交通规划”，2019 年 1 月 19 日，《国外公交规划与管理对我国公交发展的启示》。

❷ 2011 年，交通运输部在《交通运输“十二五”发展规划》中提出在“十二五”期间开展“公交都市”建设示范工程。“公交都市”（The Transit Metropolis）一词最先由美国交通专家罗伯特·瑟夫洛在《公交都市》中提出。“公交都市”是指一个公共交通服务与城市形态和谐发展的区域，倡导城市公共交通主动引导城市发展，强调城市公共交通与城市人居、环境、结构功能、空间布局默契协调、共存共促。“公交都市”具有较高的城市公共交通分担比例、紧凑的城市空间布局、多元化的城市公共交通服务网络、以人为本的城市公共交通优先政策、高效的城市交通综合管理。东京、巴黎、伦敦、新加坡、香港、首尔、斯德哥尔摩、哥本哈根是世界闻名的八大公交都市。参见“360 百科”，http：//baike. so. com/。

质的公交企业以盈利为目的开展运营，要求企业每三年制定一次规划，保证收支总体平衡，差额全部由财政补贴。❶

4. 拓宽投资渠道

支持公共交通企业利用优质存量资产，通过特许经营、战略投资、信托投资、股权融资等多种形式，吸引和鼓励社会资金参与公共交通基础设施建设和运营。加强银企合作，创新金融服务，为城市公共交通发展提供优质、低成本的融资服务。

5. 完善走廊功能

完善公交走廊沿线用地功能配置，系统规划产业、商业和居住用地，实现沿主要公共交通走廊的职住平衡。提高公共交通走廊沿线居住、商业、办公、公共设施等混合用地的开发强度，医院、学校、商住等客流聚集地同步配套公交枢纽站场。结合实际鼓励推广发展快速公交（Bus Rapid Transit，BRT）、现代有轨电车等新型公共交通方式，确立公共交通对城市空间拓展和土地开发的引导作用。例如韩国首尔在主干道设置的BRT公交专用道是设在路中央的双向通道，沿线的公交站点也随之移到道路中间，公交车行驶速度提高了18%。❶

6. 保障路权优先

加大公交专用道建设力度，优先在城市中心城区及交通密集区域形成网络化、全覆盖、连续成网的公交专用道，提高公交车运营速度。增加公共交通优先车道，扩大信号优先范围，逐步形成公共交通优先通行网络。集约利用城市道路资源，允许机场巴士、校车、班车使用公共交通优先车道。加大对违法占用公交专用道行为的执法力度。例如巴黎对公交车道实行专门保护：在主要路段都设置了公交专用道，在单行道开辟逆行公交车道，配上专门的公交车通行信号灯，让公共交通工具优先通行；为防止私家车抢占公交专用道，很多路段都建有隔离设施，形成封闭的车道；对在公交专用道上乱停乱放的车辆进行严厉处罚。❶

7. 优化站点布局

建设“快线+干线+支线”三级城区公交网络，拓展骨干公交线路的覆盖面，优化调整配套支撑线、接驳线，形成合理有序的组合线网，构建科学合理的公交运行体系。优化公共交通线路和站点设置，确保公众步行5分钟就能到达公交站点，逐步提高覆盖率、准点率和运行速度，让公众“少走”“少等”“少换”“少行”，改善公共交通通达性和便捷性。例如新加坡将私家车作为公交车的“竞争对手”，对公交车站点设置、安全标准、服务收费等进行严格管制，要求在距离住户门口400米范围内必须设有公交车站。❶

8. 优化换乘衔接

完善民航机场、铁路、道路客运、民航、水运与城市公共交通相衔接的综合客运枢纽建设及管理。加快推进综合客运枢纽一体化规划、同步建设、协调运营、协调管理，引导推进立体换乘、同台换乘、就近换乘。加强城市公共交通与民航、铁路客运等运营时间的匹配衔接。例如德国柏林中央火车站采用高度立体化换乘布局，将各种交通方式分层布置。车站主

❶ 参见微信公众号“交通言究社”，2017年2月10日，《城市拥堵之忧亦有解决之道看国外城市如何“公交优先”》。

体是一个上下5层贯通的换乘大厅，最高层为东西方向高架站台、最低层为南北方向地下站台；中间3层为换乘层，其中下层为南北向长途交通轨道、区间火车、地铁线换乘层，中层为短途公共客运交通、小汽车交通（上下客、临时停车位）、自行车及步行交通、旅游交通换乘层，上层为长途交通、区域间交通、轻轨线换乘层。这种综合交通枢纽接驳交通体系立体化布局，既节省了土地资源，又提高了换乘效率。❶

9. 提升服务水平

完善客运产品体系，创新空铁联运、公铁联运等客运产品，实现各种交通方式有机衔接、优势互补。完善市内渡运、岛际客运服务网络，提升水路客运服务水平。优化进出站流程，推进铁路、长途客运旅客进站安检及身份查验流程标准化，提高进出站效率。鼓励有条件的综合客运枢纽探索建立民航转铁路、城市轨道交通，铁路转城市轨道交通换乘“联合检查、安检互认、快速核查、即时换乘”工作机制，避免重复检查核验，实现不同交通方式便捷换乘。

10. 改善出行体验

提高公交车中空调车辆和清洁能源车辆的比例，提高无障碍城市公交车辆更新比例，保障弱势群体便捷乘坐公共交通。推广电子站牌、手机App等信息化设施产品，为公众提供准确、可靠的公交车实时位置、预计到站时间等信息服务。全面推进城市交通一卡通互联互通，推广普及闪付、虚拟卡支付、手机支付等非现金支付方式。推进实施阶梯优惠票价、优惠换乘、累计折扣票价等多种形式的优惠政策。鼓励推出适合游客使用的周卡、日卡、计次卡等市政公共交通票务产品。例如日本大阪推出公交车“走遍关西”日卡，只要购买一张“一天乘车卡”，就可以坐公交去往市区任何一处，另外按照“百货商店理念”推出“PiTaPa交通卡”，可以在当地商业场所作为购物信用卡并享受购物折扣，商品价格优惠相当于减免了出行费用。❷

11. 创新多元公交

因地制宜构建城市轨道交通、有轨电车、快速公交系统、常规公交、微循环公交等城市多元化公共交通服务系统，结合实际探索创新应用虚拟轨道列车❸、云轨公交❹、索道公交、缆车公交等新型种类公交，不断优化城市交通系统结构。积极发展“以需求为导向、供给灵活、精准对接”的特色产品，推出服务于通勤出行的“定制公交”线，服务于大型活动的“特定需求”公交线，服务于个体化、离散化出行的“即时响应”公交线，让有不同需

---

❶ 参见陆化普、王长君、陆洋著《城市交通拥堵机理与对策》，中国建筑工业出版社2014年7月版第96页。

❷ 参见微信公众号“交通言究社”，2017年2月10日，《城市拥堵之忧亦有解决之道看国外城市如何“公交优先”》。

❸ 虚拟轨道列车，简称“虚轨列车”，是以地面虚拟轨道为导向运行的公路列车，因其轨道不是传统钢轨而是采用特殊材料在地面上铺设的感应标识而得名。虚轨列车属于新型城市轨道交通工具，集合了公共汽车、有轨电车和轻动车组的部分特点，是汽车列车和火车列车的特殊融合物。参见“360百科”，https：//baike. so. com/。

❹ 云轨，即跨座式单轨，类似于空中小火车，车体骑跨在轨道梁上穿行于空中。单轨系统中的轨道可以建设在道路中央分隔带或狭窄街道上，不单独占用路面，属于运能接近地铁系统的中运量城市轨道交通系统。参见“360百科”，https：//baike. so. com/。

求的乘客都能享受到高质量的公共交通服务。

二、鼓励慢行交通

慢行交通是独立的个体化出行方式，通常用于城市道路交通出行的“最先一公里”和“最后一公里”，为其他机动化出行方式提供不可或缺的衔接交通。城市居民的每一次道路交通出行都从非机动车和步行开始，以非机动车和步行结束。慢行交通不仅是一种交通出行方式，更是城市生活的重要组成部分，是使市民实现人与人面对面身心交流、释放城市紧张生活的压力、感受城市精彩生活的基本的活动方式之一，在提高短程出行效率、填补公交服务空白、促进交通可持续发展、保障弱势群体出行便利等方面，具有机动化交通方式所无法替代的作用，应当与私人机动化交通和公共交通相互竞争、相互配合，共同构成城市的客运交通系统。

1. 加强道路建设

开展人性化、精细化的道路空间和交通设计，构建安全、连续和舒适的城市慢行交通体系。加大非机动车道和步行道的建设力度，保障非机动车和行人的合理通行空间。加快实施机非分离，减少行人、自行车和机动车之间的相互干扰。有条件的城市可以结合城市发展实际，推进自行车专用道建设。例如在德国、英国、荷兰、丹麦等国家，都建设了“自行车高速公路”或“自行车专用道”，有的还修建了专门的自行车天桥、隧道、立交桥甚至电梯，提升了慢行交通的吸引力。[1] 英国伦敦市政府发布了“步行行动计划”（The Walking Action Plan），准备为市民步行而建设整洁敞亮富有魅力的街道，打造世界上最适宜步行的城市。[2] 美国波士顿修建了罗斯·肯尼迪（Rose Kennedy）绿道，将公园和其他绿地系统有序地联系起来，被誉为“翡翠项链”（Emerald Necklace），绿道远离喧嚣，沿途流水蜿蜒、草木葱茏，一派田园诗般的自然风光，在绿道上散步、谈天、骑车、休憩已成为波士顿人的

---

[1] 参见微信公众号“一览众山小-可持续城市与交通”，2014 年 7 月 29 日，《将城市变身为自行车友好型》。

[2] 根据伦敦交通发展战略“步行行动计划”，增加步行出行次数，对伦敦带来诸多益处。从健康角度来看，步行是伦敦居民进行体育运动改善健康状况最为便捷的方式。如果每位伦敦居民每天步行 20 分钟，则能够减少 16 亿英镑 NHS（英国公立医疗系统）治疗费用；每 6 起过早死亡中会有 1 起得以避免；10% 的中风和心脏病能够得以避免。从环境角度来看，步行不会产生碳排放，有利于伦敦的环境。如果伦敦的每个年轻人每天步行 1 英里（约合 1.6 公里）往返学校而非驾车，则每人每年减少 57 公斤 CO_2 排放。就社区角度来看，更多人选择步行，能够增加人与人的互动，提升本地社区，增强社会凝聚力和福祉。从良好增长角度来看，步行对于支持伦敦快速人口增长而言极为重要。就效率而言，步行是最为节省空间的交通方式，能够让我们的街道得到最好的利用，并可破解交通拥堵。从经济角度来看，步行为街道带来生机与活力，促进本地经济繁荣。“让步行变得更加安全更富有吸引力，就可鼓励更多人选择更为健康的出行方式。”英国公共卫生局（PHE）也支持让更多伦敦人步行的提议，该政府部门建议每天至少快走 10 分钟来增进健康。参见《为了健康的街道和健康的人民，伦敦提出“步行行动计划”》，2018 年 9 月 10 日，澎湃新闻，https：//www. thepaper. cn/。

一种生活方式。❶

2. 推动交通融合

将轨道交通、地面公交、慢行交通三网融合，打造一体化公共交通网络。打造优化“公共交通+自行车+步行”出行模式，完善公交站点周边人行道系统，增设和完善共享单车或公共自行车租赁点，强化“步行+公共交通”“自行车+公共交通”换乘模式，最大限度地方便慢行交通与其他出行方式之间的换乘。例如中国香港港岛线中环站、机场快线及东涌线香港站，两个站点距离约300米，由于客流量极大，两个站点设有地下人行通道并设自动人行步道，有效缩短步行时间。❷

3. 保障行人过街

街道是为人服务的，而不是为了汽车；街道是由人来使用和享受的，而不应让步给汽车来使用。应当按标准建设完善行人驻足区、安全岛等二次过街设施和人行天桥、地下通道等立体过街设施。在商业集中区、学校、医院、交通枢纽等处规划建设步行连廊、过街天桥、地下通道、自动扶梯、自动人行道，形成相对独立的步行系统。例如中国香港从20世纪60年代至今，陆续修建了多个区域性、庞大的立体地上或二层天桥网络，逐渐在地铁站域周边打造了复杂且室内外交织的三维步行空间。特别是在港岛区建设了中区行人天桥系统（The Central Elevated Walkway），围绕港铁中环站，形成一套大型行人天桥网络系统，由天桥、电动扶梯、室内连廊、城市街道、公共设施、地铁站、摩天楼底层大堂、购物中心大厅、酒店大堂、室内外广场、公园等多种类型的公共空间串联而成，其空间体验感丰富，既宽敞又集约，有室内外空间的转换，也与周边建筑二层平台或公共空间相连接，提升了步行系统的吸引力与活力。❸

4. 发展共享交通

通过在客运场站、交通枢纽、住宅小区适量规范有序投放公共租赁自行车或共享单车，

---

❶ 波士顿罗斯·肯尼迪（Rose Kennedy）绿道全长16公里，将9个城市公园和其他绿地系统有序地联系起来。绿道规划理念强调了5点：（1）绿道的空间结构是线性的；（2）连接是绿道的最主要特征，恢复滨海区与城市中心街区的无缝链接和贯通；（3）绿道是多功能的，包括生态、文化、社会和审美功能，有效保护和改善公共开敞空间，为民众提供休憩场所、运动健身场所及追忆历史长廊；（4）绿道是可持续的，是自然保护和经济发展的平衡；（5）绿道是一个完整线性系统的特定空间战略。绿道设计规划原则为：（1）生态性原则，建立绿道的植被系统，以提高波士顿城市生物多样性及城市的自然属性；（2）文化历史性原则，成为构筑波士顿城市历史文化氛围的桥梁和展示其文脉的风景线。设计从传统环境中汲取元素，成为传统与现代构架的结合体，并满足亲水需求和功能；（3）环境保护性原则，绿道的设置与控制治理环境污染相结合；（4）游憩观赏性原则，提供舒适的绿色休闲环境：可以休闲、运动、沐浴阳光、享受阴凉，并形成优美的景观路线；（5）整体性原则，将分散的绿色空间及主要节点进行连通，形成贯穿的整体性绿色步道网络。并且绿道是其他非线状风景园林的重要补充，应与周围城市绿地系统衔接、完善绿地系统结构。参见王玮撰写的《都市新景观——波士顿罗斯·肯尼迪绿道》，《美术与设计》2014年第3期；易辉撰写的《波士顿公园绿道：散落都市的“翡翠项链”》，《人类居住》2018年第1期。

❷ 参见任超编著《可持续高密度城市发展探索——当代香港城市规划与设计实践》，中国建筑工业出版社2019年1月版第141页。

❸ 参见微信公众号“新土地规划人”，2017年3月5日，《香港与东京的奥秘：用立体步行系统，解决地铁出行“最后一公里”!》。

推动公众灵活选择通过"公交+单车""地铁+单车"模式，联通公共交通出行"门到站""站到站""站到门"的"最先一公里""中间一公里"和"最后一公里"，引导公众健康绿色出行，减少自驾出行。加强共享单车总量控制，根据城市交通承载能力等因素，合理确定共享单车投放规模，防止各共享单车企业无序竞争、无序投放导致的"供过于求"。也需要指导共享单车企业重视线下运营维护，加强车辆停车摆放、运营调度、检测维护管理，及时清理违规停放、存在安全隐患、不能提供服务的车辆，根据区域潮汐规律及时调度转运车辆，防止出现"单车围站""单车围城"等问题。在目前相关配套设施、制度、管理手段不完善、不健全的情况下，谨慎大规模发展共享汽车。❶

5. 改善通行环境

开展慢行系统环境净化行动，清理违规占道停车、经营、施工、堆物堆料等行为，打通人行道通行断点，完善隔离设施和道路标识，消除路面坑洼破损等安全隐患，保障慢行交通空间，改善慢行交通沿线景观，构建安全、舒适、无障碍的慢行出行环境。强化共享单车停放管理，根据城市交通承载能力等因素，合理确定共享单车投放规模和停放区域。例如欧洲积极倡导"交通宁静化"理念，从交通基础设施设计上对机动车进行限制，将街道空间还给行人使用，设置了越来越多的步行专用区和禁止车辆进入的商业区，积极推进建设"步行友好型"环境，坚决抵制多车道宽道路等形象工程，要求处处有公园、绿树花草环绕社区。❷

三、引导绿色出行

推动形成绿色生活方式是贯彻新发展理念的必然要求，是建设美丽中国的重要基石。绿色生活方式是追求资源节约、环境友好的现代文明生活方式，积极倡导绿色消费、绿色出行、绿色居住。绿色出行是绿色生活方式的重要内容，主要是引导公众养成"绿色出行""低碳出行""零碳出行"的行为习惯，共建绿色、低碳、有序、通畅的交通环境。例如为减少交通运输产生的温室气体排放，美国波士顿实施以交通为重点的"碳中和计划"，积极采取三种方式构建"碳中和"交通运输系统：(1) 将小汽车出行转变为公共交通、骑行和步行；(2) 鼓励在"公交丰富"的街区进行高密度开发和建设经济适用房，从而减少小汽车出行；(3) 将大多数小汽车、货车、公交车和火车车辆转为零温室气体电力驱动。❸ 美国的做法值得我们借鉴。

1. 优化重构出行方式

在全社会积极推行"1、3、5、10"绿色出行模式，倡导1公里步行、3公里骑乘非机

❶ 分时租赁，俗称汽车共享，是以分钟或小时等为计价单位，利用移动互联网、全球定位等信息技术构建网络服务平台，为用户提供自助式车辆预定、车辆取还、费用结算为主要方式的小微型客车租赁服务，是传统小微型客车租赁在服务模式、技术、管理上的创新。参见2017年8月交通运输部、住房城乡建设部《关于促进小微型客车租赁健康发展的指导意见》。

❷ 参见微信公众号"交通言究社"，2018年10月17日，《交通需求管理有何意义？国外有哪些可供借鉴的交通需求管理经验呢?》。

❸ 参见微信公众号"一览众山小-可持续城市与交通"，2019年9月19日，《波士顿发布碳中和交通系统规划》。

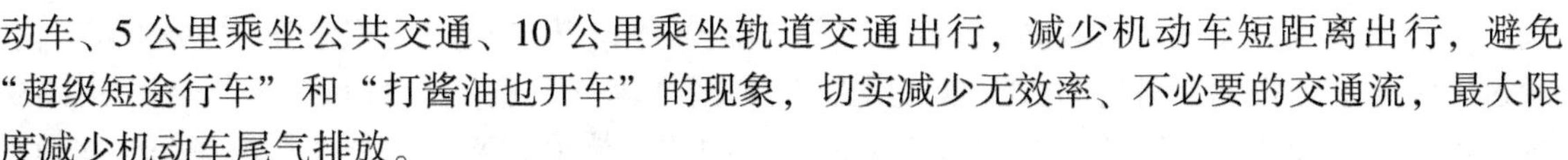

动车、5 公里乘坐公共交通、10 公里乘坐轨道交通出行，减少机动车短距离出行，避免“超级短途行车”和“打酱油也开车”的现象，切实减少无效率、不必要的交通流，最大限度减少机动车尾气排放。

2. 绿色出行一体服务

推动建设交通绿色出行一体化服务 MaaS（Mobility as a Service，出行即服务）平台[1]，整合公交、地铁、市郊铁路、步行、骑行、网约车、航空、铁路、长途客运、自驾等全方式的交通出行服务，为公众提供行前智慧决策、行中全程引导、行后绿色激励等全流程、一站式“门到门”的出行智能诱导，积极倡导和推动市民绿色出行。推动“互联网 +”便捷交通发展，鼓励和规范发展定制公交、智能停车、智能公交、汽车维修、网络预约出租汽车、共享单车、小微型客车分时租赁等城市出行服务新业态。

3. 合乘拼车集中出行

通过搭乘顺风车、合乘拼车等方式，将小汽车转变为“微型公交”，实现小汽车“满员”出行，提高小汽车载客量和使用率，减少小汽车空驶率，间接提升道路使用效率，降低能源消耗。例如新加坡曾经为鼓励合乘，规定小汽车上只要同时乘坐达 4 人，即可免缴拥堵费，有力促进了车辆合乘兴起。[2] 互联网顺风车平台为撮合顺风车发挥了重要作用，但需要加强对互联网顺风车平台的监管，确保上线车辆、驾驶人安全，驾驶人从事顺风车业务不能以盈利为目的，平台公司应对每车每日的合乘次数有一定限制，避免以顺风车名义提供非法网约车服务。

4. 科学调控出租汽车

出租汽车是城市综合交通运输体系的组成部分，是城市公共交通的补充，为社会公众提供个性化运输服务，是使用频率最高的车辆。应当统筹发展巡游出租汽车和网约车，综合考虑人口数量、经济发展水平、城市交通拥堵状况、出租汽车里程利用率等因素，科学制定完善出租汽车发展规划，合理确定出租汽车运力规模及在城市综合交通运输体系中的分担比

---

[1] MaaS 概念首次被提出是在 2014 年赫尔辛基的欧洲 ITS 大会上，2015 年在波尔多的 ITS 世界大会上成立了 MaaS 联盟。MaaS 定义为：通过电子交互界面获取和管理交通相关服务，以满足消费者的出行要求。其旨在深刻理解公众的出行需求，在将各种交通模式全部整合在统一的服务体系与平台的基础上利用大数据进行决策，以优化资源配置、满足居民出行需求，并通过统一的 App 对外提供服务。MaaS 具有以下 4 个方面的特征：（1）共享，要求数据全面整合和共享；（2）整合，各种交通模式高度整合，基于主动交通需求管理的思路调控交通需求，并实现支付体系一体化；（3）服务，提供无缝衔接、安全便捷和舒适的全链条出行服务；（4）引导，扩大绿色出行比例。MaaS 服务致力于为用户实现 4 个方面的“最小化”：出行准备时间的最小化、等待时间的最小化、响应时间的最小化、状态切换时间的最小化。参见微信公众号“智能交通技术”，2019 年 3 月 2 日，《未来智慧出行新生态——MaaS 系统的解读与畅想》。交通运输部 2019 年 7 月印发《数字交通发展规划纲要》（交规划发〔2019〕89 号）中，明确提出倡导“出行即服务（MaaS）”理念，以数据衔接出行需求与服务资源，使出行成为一种按需获取的即时服务，让出行更简单。

[2] 陆化普、罗兆广、王晶著《城市与交通一体化规划：新加坡经验与珠海规划实践》，中国建筑工业出版社 2019 年 11 月版第 40 页。

例，避免无序投放发展、大量占用城市道路资源。[1] 推动传统巡游出租汽车“网约车”化，通过网络预约、电话预订等方式，实现出租汽车精准服务，避免“盲目”空驶占用道路资源。探索实施交通高峰时段限制巡游出租汽车、网约车接单制度，引导公众选择公共交通方式出行。

5. 绿色物流集约配送

创新优化物流配送方式，加快发展“互联网 + 高效物流”“互联网 + 无车承运人”、共享物流、智慧供应链等新业态，大力推动集约型物流配送、虚拟物流企业配送、第三方物流配送模式，通过夜间配送、统一配送、集中配送、共同配送、轨道配送、管道配送等配送方式，降低现代物流成本，提高城市物流效率，削减在途运行车辆空驶率，缓解城市交通压力，节约道路资源。例如日本是较早开展共同配送的国家，共同配送就是把过去按不同货主、不同商品分别进行的配送，改为不区分货主与商品，统统把货物装入同一条线路运行的车辆上，用一辆货车为更多的顾客服务，实现货物及配送的集约化，其目的是集中配送货物，提高配送车辆的利用率。创建于1973年的日本7-11便利店公司，是当今世界零售业中最大的便利店企业。为提高商品销量，门店的售卖场地原则上应尽量大，因此，通常没有储存场所，所有商品必须通过配送中心得到及时补充。7-11按照不同的地区和商品群划分，由生产商和批发商共同出资建立配送中心，由该中心统一集货，再向各店铺配送。7-11一般是在中心城市商圈附近35公里内，其他地方市场附近60公里内，设立一个共同配送中心，并通过电脑网络信息系统，实现小批量、高频度、多品种配送。由于逐步推广共同配送，7-11的配送车辆的交通流量削减了83%。[2] 例如美国纽约推动实施城市物流非高峰配送（Off-Hour Deliveries），通过自主闲时配送等方式，将货车物流配送时间从高峰期转移到非工作时间（晚上7时至次日早上6时），避免了高额的日间配送成本和停车罚款费用，有效降

---

[1] 美国优步（Uber）发明的网约车商业模式在全球风靡一时，网约车公司宣称可以利用车辆闲置资源，减少路上车辆数，从而缓解交通拥堵。然而加州旧金山交通部门的研究报告发现，网约车反而让城市交通拥堵更加恶化，拥堵程度增加了一半，并指出以来福车（Lyft）和Uber为代表的网约车行业是城市交通拥堵恶化的“罪魁祸首”，网约车为主的因素导致旧金山机动车通行速度下降（全天降幅为55%，晚间高峰期的降幅为75%）。旧金山县交通局分析了3个主要原因。首先，43%~61%的网约车订单取代了步行、自行车等出行方式，以及过去不太可能发生的出行，导致车流增加。其次，网约车乘客上车和下车扰乱了机动车道以及路边车道的车流，让交通拥堵走向恶化。最后，网约车在并未运送乘客的时间内也处于行驶中，比如寻找更理想的停车地点，或是根据订单要求前往乘客所在位置，这两个行驶过程同样增加了道路上的车辆数量，加剧了城市拥堵。面对外界有关加剧城市拥堵的批评，Uber、Lyft等公司已经开始采取合作措施。比如两大巨头以及其他国家的网约车公司开始提供共享单车、共享滑板车服务，同时整合公交、地铁等交通信息。参见《美国旧金山报告：网约车让城市交通更拥堵程度增加一半》，2018年11月5日，腾讯科技，https：//tech. qq. com/。2018年8月，纽约市议会通过一项针对Uber和Lyft等网约车公司的法案，在1年时间内暂停向这些公司运营的新车发放牌照，并对网约车驾驶员设置最低工资保障。一项调查显示，纽约市目前投入运营的网约车数量大约有8万辆，每月提供1700万次服务。随着纽约市民对当地地铁系统的不满日甚一日，网约车用户数量正在激增。纽约市长比尔·白思豪在一份声明中表示：“我们的城市正直接面临一场危机，使纽约人陷入贫困，使我们的街道陷入拥堵。基于应用程序的租车公司不受限制的增长，要求当局采取行动，我们现在已经行动了。”参见《纽约出台新规限制网约车数量 停发新车牌照一年》，2018年8月9日，凤凰财经，https：//finance. ifeng. com/。

[2] 参见《日本共同配送的发展经验》，《物流技术与应用》2013年第4期。

低了物流成本，提高了货车运输安全，缓解了城市交通拥堵。[1]

6. 绿色出行宣传引导

组织开展绿色出行宣传月和公交出行宣传周活动，深入机关、社区、校园、企业和网络等开展绿色出行宣传，倡导“9月22日无车日”[2]、“每周停驶一天”行动，改变公众“富人开小车，穷人乘公交”的固有观念，提高公众对绿色出行方式的认知度和接受度，让低碳交通成为时尚，让绿色出行成为习惯。例如意大利每个月都有“无车日”，在每月的第2个星期天，意大利首都罗马、经济大都市米兰和其他百余个城镇，都会开展“星期天无车日”活动。[3]

7. 公务人员带头引领

党政机关应当加强公车使用管理，减少公务人员非紧急情况使用公车的次数，组织开展“每周停驶一天公车”活动。提倡公务人员做“绿色出行”先行者，带头选择公交车、自行车、步行等方式出行。特别是在工作日期间，自觉选择公共交通通勤，减少自驾或公车出行，主动为缓解城区交通拥堵作贡献，把更多的方便让给人民群众。例如韩国政府要求政府官员每周抽出1天时间作为“无车日”，不得开车上班。全国所有政府部门员工必须在周一至周五选择一天时间执行这项规定。[4]

---

[1] 参见微信公众号“一览众山小-可持续城市与交通”，2018年2月7日，《城市应该如何完善物流的最后一公里(两则)》。

[2] “无车日”最早是由法国发起，其宗旨是增强人们的环保意识，了解汽车对城市环境造成的危害，鼓励人们在市区使用公共交通工具、骑车或步行。法国35个城市的市民就在1998年9月22日自愿发起在当天弃用私家车，成为了法国第一个“市内无车日”。后来，法国首创的无车日在2000年2月被欧盟纳入环保政策框架内，9月22日亦因而成为“欧洲无车日”、“国际无车日”，此后这一活动迅速扩展到全球。参见“360百科”，http：//baike. so. com/。

[3] 参见《意大利：每月都有“无车日”》，2011年9月21日，新浪网，http：//www. sina. com. cn。

[4] 参见《韩国公务员将设“无车日”》，2006年5月30日，新浪网，http：//www. sina. com. cn。

第八章

城市区域交通组织优化

随着城市土地资源日益紧缺，建设用地日趋饱和，道路资源也日趋枯竭，如何充分利用现有城市路网进行有效的交通组织管理，就成为改善城市道路通行条件、提高城市道路通行效率、推进城市交通可持续发展的关键措施。

道路交通组织优化，就是根据现有道路空间，按照公平、控制、分离、均衡、连续的原则，针对固定、工作日、季节性、临时性交通流量，分时、分路、分车种、分流向分配道路资源，确保道路交通始终处于安全、有序、顺畅、高效的运行状态。城市道路交通组织优化的核心，是科学高效配置有限的城市道路空间、时间资源，平衡合理分配各种交通出行方式路权，推动城市路网使用效能最大化，实现“路口提效、路段提速、路网提能”。城市道路交通组织按照空间“点、线、面”划分，分为区域交通组织优化、路线交通组织优化和节点交通组织优化。

交通流量是一个随机变量，随着时间和空间的不同而变化，容易出现时间和空间上的分布不均匀，从而导致某些道路、某段时间、某个方向的流量饱和，导致严重拥堵，甚至造成整体路网的交通瘫痪。城市道路区域交通组织优化，就是对区域整体路网统筹协调，通过交通流管控、调节、疏导、分流，在空间上控密补稀，在时间上削峰填谷，均分交通流量，均衡路网负荷，确保路网整体的稳定、高效运行。

一、整体路网交通组织

根据城市道路路网布局、交通运行规律、交通流量特点，应当以城市中心交通流量集中区域为重点地区，以早晚交通高峰为重点时段，以控制上路的私人小汽车数量为重点方向，综合采取管控政策，合理控制出行总量，科学调控实时流量，努力实现整体路网交通流量均衡和安全稳定运行。

1. 实施交通限行

按照“限制车辆出行”思路，结合实际，通过实行单双号每日限行、按尾号每周限行，高峰时段尾号限行、异地车辆高峰时段限行，市中心重点区域限行、重点道路限行、重点车型限行、“公车”限行等多种政策叠加使用或单独实施的限行方式，限制机动车进入路网运行，从源头削减重点区域、早晚高峰、重点时段、重点日期的机动车出行总量，降低城市道路整体路网负荷压力。

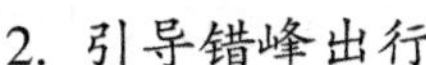

2. 引导错峰出行

按照“分离车辆出行”思路，通过弹性工作制、错峰上下班、错时上下学，实行物流闲时配送、道路夜间施工、环卫平峰作业，尽量减少交通高峰时段的车辆集中，并将高峰时段的集中交通流量，分散、分开、分布到不同时段，通过出行时间上的分离，达到道路空间上的平衡，实现整体路网上的均衡。

3. 高峰收费通行

按照“收费抑制出行”思路，在城市中心交通流量集中地区划定收费区域，在交通流量高峰时段实行收费通行，通过价格手段抑制非刚需车辆进入拥堵区域，减轻重点区域、时段交通压力。例如伦敦于2003年开始推行局部区域的交通拥堵收费，对工作日7：00—18：30驶入内环的车辆收费，住在收费区的居民享受九折优惠，对急救车、残障车、公交车和班车、伦敦批准营业的出租车、某些区间车及“对环境友好的”车辆等不收费。实施拥堵收费政策之后，伦敦市总体交通量下降，公共交通方式客流量增加，交通拥堵、能耗和排放等方面都有了较大的改观。[1]

4. 差别停车策略

按照“以限制停车抑制出行”思路，实行城市中心城区高于外围区域、高峰时段高于平峰时段的差异化收费政策，实施城市中心城区交通高峰时段取消路侧车位、削减停车数量的“减量”供给策略，“以静制动”“以停限行”，抑制交通高峰时段进入城市中心区的“自驾”交通需求。

5. 实施进出控制

按照“调控车辆避免过度集中”思路，坚持“慢进快出”原则，通过调整区域信号配时方案、局部设置“红波”截流蓄流等方式，控制进出城市中心区域车辆数量及流速，加速疏导出城车辆数量，减缓进城车辆速度，通过均衡进出车辆的流速，限制“向心”车流过快、过密、过紧、过度集中到城市中心区域。

6. 实时诱导分流

按照“信息提示引导分流”思路，依托互联网导航平台、道路电子显示屏和交通广播，实时发布城区道路交通实况，提示交通流量集中和拥堵路段，引导驾驶人科学规划出行时间，合理选择出行线路，实时调整出行路径，通过交通诱导实现交通自动疏导分流、自动均衡分布。

二、商圈区域交通组织

购物中心、购物广场、商贸市场、批发市场、商品集散地等商圈，是人流、车流、物流

[1] 参见微信公众号“交通言究社”，2018年10月17日，《交通需求管理有何意义？国外有哪些可供借鉴的交通需求管理经验呢?》。

集聚地，交通流量集中，道路常态拥堵，是城市道路交通治理的难点地区和交通组织的重点地区。应当根据商圈交通流量规律和交通出行特点，以人流、车流、物流分离为重点，平衡好购物、停车、物流、配送等交通需求的和谐运转。

1. 公交主导出行

按照“公共交通出行主导”思路，将公共交通作为购物人员进出商圈的主要出行方式，通过在商圈周边道路增设公交站点，完善轨道交通和公交换乘通道，设置非机动车停放区域，改进场站连接商圈步行通道等措施，引导公众尽量选择公共交通抵离商圈。

2. 车辆临时停靠

按照“车辆限时停靠”思路，将乘坐出租汽车作为购物人员抵离商圈的辅助出行方式，设置出租车、网约车、私家车“临时候客点”，有条件的增设“即停即走”临时通道，加强疏导管理，引导车辆限时短时停留、上下客即走，满足购物人员对临时停车的需求。

3. 完善停车设施

按照“保障基本出行停车”思路，将私人小汽车出行作为购物人员进出商圈的补充出行方式，按标准在商场预留配建车位，结合实际建设立体车库，或者通过远端停车接驳方式，最大限度挖潜提供“停车资源”，并实行差异化收费标准，促进车辆周转效率，保障个人机动化出行“基本”需求。

4. 人车物理分离

按照“人车空间分离”思路，在商业集中区域构建立体步行系统，建设过街天桥、空中连廊、地下通道、自动扶梯、自动人行道等交通设施，建立“商场—商场”“商场—公交场站”“商场—餐饮场所”等有机连接，实现步行客流“独立”出行、换乘、购物、休闲、娱乐，将地面道路资源腾退配置给客运、货运、物流车辆。

5. 减少路侧车位

按照“限制停车抑制出行”思路，视情在工作日白天、节假日、促销活动期间或交通流量集中时段，取消或减少商圈周边道路路侧停车位，腾退停车空间优先保障道路通行，防止路侧车位吸引交通源，避免因车位紧张导致车辆排队等候车位，影响道路通行，提高道路资源使用效率。

6. 优化交通流线

按照“分离不同车型流线”思路，利用商圈周边路网和商圈广场，尽量分离公交车、出租汽车、私家车、物流配送车，科学设置行驶流线，采取进出分离、右进右出、单向交通等方式，引导不同车辆有序通行，避免各种车辆交织导致通行效率下降和带来安全隐患。

7. 改进物流配送

按照“分离物流配送交通”思路，利用商圈地下停车场或商圈广场，设置配送车辆停靠、装卸、作业、存储场地、区域和设施，避免装卸、作业、堆放、存储货物对正常道路通行的干扰。推广通过夜间配送、轨道配送、共同配送、共享配送等配送新模式、新方式，提

高物流配送效率，尽力减少物流配送车辆对商圈路网的影响。

8. 设置无车区域

按照“禁止车辆通行解决拥堵”思路，结合实际在城市人口密集的中心区商圈，建设“无车辆交通区”❶，设置商业步行街、自然景观步行街、传统文化步行街，视情设置限时步行街、公交混合步行街❷，禁止或限制机动车通行，打造城市购物、观光、旅游、休闲综合集合地❸，既能解决交通拥堵问题，又能提升街道活力，形成城市商业、文化“名片”。

三、场站区域交通组织

机场、火车站、长途客运站、码头等客运场站人流、车流密度大，交通方式杂，接送车辆多，旅客乘客疏散难，是城市道路交通组织的难点。应当根据场站交通流量规律、交通出行特点，充分利用场站空间结构，分层次、分节点、分区域、分车辆实行交通分离，并做好乘客、车辆的集散和运输组织，最大限度减少场站区域的交通延误。

1. 完善枢纽换乘

按照“不同交通方式零距离换乘”思路，将公共交通作为乘客集散的主要方式，优化飞机、火车、地铁、公交的紧密衔接、无缝对接，推动零距离换乘，实现不同交通方式立体布置，确保乘客快速换乘、及时换乘、短距换乘。建设场站周边过街天桥、空中连廊、地下通道、自动扶梯等交通设施，引导乘客快速集散。

2. 加强运营衔接

按照“不同交通方式精准对接衔接”思路，建立民航转铁路、城市轨道交通和铁路转城市轨道交通换乘免安检机制，减少重复检查，提高乘客换乘效率。加强城市公共交通与民航、铁路客运等运营时间统筹协调，做好匹配衔接、精准对接，确保“民航运营到几时、铁路运行到几时、公共交通就保障到几时”，切实解决民航与铁路乘客夜间“无公交”“打车难”等集散难题。

3. 车辆临时停靠

按照“保障接送车辆临时停靠”思路，将出租汽车作为乘客的辅助出行方式，利用场站出发层、抵达层立体空间，设置“临时候客点”和“即停即走”通道，允许出租车、网

---

❶ 为复兴中心区商业，改善中心区交通环境，德国等欧洲国家尝试建立“无车辆交通区”（Traffic Free Zone），在人口密集的老城区实施人车分流，商业步行街应运而生。欧美国家的许多城市都建设了商业步行街，并取得巨大成功。近半个世纪以来，发展商业步行街已经成为城市管理者复兴城市中心区的良策，商业步行街的改造和再开发，也已成为城市发展的举足轻重的热点，担负起了带动城市繁荣的重任。参见微信公众号“cityif”，2019年4月4日，《国际著名商业步行街交通规划经验借鉴》。

❷ 参见王建国主编《城市设计》，中国建筑工业出版社2009年9月版第169页。

❸ 小汽车限行区是有活力和吸引力的城市区域，如果公共交通可以到达，并且这里有恰当的土地混合利用以及密度。小汽车限行也可以是临时的，可以为街市提供良好的场所。限制车辆进入的措施很难被商业和其他商务所接受，然而却已经得到证明，这增加了营业收入和房产价值。参见联合国人居署编著《城市规划——写给城市领导者》，中国建筑工业出版社2016年4月版第53页。

约车、私人小汽车短时停留，满足旅客乘客临时停车落客上客需求。

4. 完善停车设施

按照“保障私人小汽车基本接送”思路，将私人小汽车作为接送乘客的补充出行方式，在场站修建停车场、停车楼，单进单出、进出分离，避免各种交通方式交织混行，保障私人小汽车接送乘客基本需求。研究实施差异化停车收费和一定时段内免费停车政策，既要提高停车场车位周转率，又要防止接送车辆为节省停车费在场站周边道路路侧停车候客，影响道路正常通行。

5. 优化路网衔接

按照“场站道路与城市道路衔接匹配”思路，完善场站周边路网结构，增加场站接送乘客进站口、出站口，保障环绕场站四周均有道路通行、分流、绕行，确保进出站接送乘客车辆快速抵离。根据场站入口、出口宽度科学设置连接道路断面，确保车道衔接匹配，避免形成场站交通“瓶颈”，造成进站接送旅客乘客车辆外溢、积压排队。

6. 分离交通流线

按照“分离不同交通方式”思路，利用场站出发层、到达层不同楼层平台，分离交通抵、离路线，分离公交车、旅游客车、机场大巴、出租车和接送乘客小客车行驶流线，减少不同车型车辆之间的并道交织，避免车辆间相互干扰。

7. 取消路侧车位

按照“限制停车抑制交通出行”思路，取消场站周边道路路侧停车位，并加强违法停车监管执法，腾退停车空间优先保障道路通行，防止因场站周边大量车辆寻找、等候车位导致的无效交通、交通拥堵和车辆排队。

8. 均衡安排班次

按照“场内交通保场外交通”思路，引导航空、铁路、场站和运输企业科学、均衡安排航班、高铁抵离场站班次、时刻，实现全天候均衡分布航班、车次，并探索实行不同时段差异化票价政策，引导旅客乘客错峰乘机、乘车出行，避免早、晚航班、高铁抵离时间过于集中，造成场站周边接送车流高度聚集拥堵。

四、学校区域交通组织

中小学校、幼儿园上下学高峰时段，接送学生的车辆集中涌入，学校周边道路交通拥堵非常严重。应当根据学校周边道路交通流量规律，以确保学生出行安全为前提，完善交通设施，优化通行管控，确保学生和家长安全、有序通行。

1. 实施就近入学

按照“就近入学减少车辆接送”思路，规划引导整合教育资源，调整学校布局，实行划片入学，减少跨区择校，确保学生就近入学、入园，逐步构建以“非机动车 + 步行”为主体的接送学生交通方式，减少私人小汽车长距离接送学生的现象。

2. 实行错时放学

按照“从时间上分离接送学生的交通流”思路，对不同年级实行错时上学、错时放学制度，对不同班级实行物理分离、多点分散接送制度，减少同一时段、同一地点集中上学、放学，减轻同一时段接送学生的交通流过度聚集压力。

3. 远端停车接送

按照“远端停车避免交通流聚集”思路，视情在上下学时段取消学校周边道路路侧停车位，腾退停车空间优先保障道路通行。利用学校附近社会停车场，或附近居民小区的共享停车位，使家长在远端停车接送学生，构建“远端停车＋步行”接送学生交通方式，将学校门口的交通流引导至远端多点。

4. 即停即走接送

按照“设置专用通道即时接送”思路，对道路资源充裕的学校，视情在学校门前道路增设接送学生专用车道，即停即走接送学生。也可以利用中小学操场地下空间，建设公共停车场，接送学生车辆进入地下停车场接送学生，分离人流、车流，保障学校门前道路有序畅通。

5. 公交校车接送

按照“集约化接送学生”思路，组织学校、家庭、公交企业、互联网交通企业共同开发学生交通出行新模式，通过家庭拼车接送，租用共享定制公交，开通学生公交专线，发展专用校车等方式，集中集约满足学生上下学出行需求，缓解私人小汽车集中接送给学校周边路网带来的压力。

6. 临时管控限行

按照“道路资源短缺供应”思路，对学校周边道路资源紧缺区域，视情在校园周边道路上下学时段，采取禁止转向、分车型限行、单向通行、车辆禁行等措施，优先确保学生安全顺畅出行，避免学校门前“进不去”“出不来”的交通拥堵问题。

7. 警校联动疏导

按照“校园交通社会共治”思路，推行“学校＋家长＋民警”联动护学机制，上下学时段由学校老师和家长志愿者联合维护学校门前秩序、交接接送学生，民警进行学校周边道路指挥疏导分流，共同维护营造良好校园周边交通环境。

五、医院区域交通组织

以就医为目的的出行是刚性出行需求。由于城市医疗资源分布不均衡，优质大型医院就医人数集中，由此导致医院周边道路拥堵严重，成为道路交通组织的难点区域。应当根据医院周边道路交通规律特点，以停车难问题为切入点，以保障接送病人车辆、救护车顺畅通行为重点，通过改进就医就诊方式，优化院内院外交通组织，努力营造良好医院周边道路交通环境。

1. *落实分级诊疗*

按照“源头分散就医”思路，推动严格落实一、二、三级医院“基层首诊、双向转诊、急慢分治、上下联动”分级诊疗制度，确保常见病、多发病由基层医院诊疗，实现患者就近就医就诊，从源头减轻优质大型医院就诊交通压力。[1]

2. *实施在线诊疗*

按照“线下就医转至线上”思路，推动引导医院建立“网上虚拟医院”“网上就诊平台”，通过“互联网 + 医疗”视频技术，对常见病、多发病进行在线问诊、网上诊疗，让患者足不出户就能得到诊治，减少患者实地就医带来的道路交通流量。

3. *调整专家时间*

按照“调整专家接诊、调控交通需求”思路，引导优质资源医院全天候分散安排专科专家接诊，尽量均衡专家接诊时段，避免专家集中上午接诊，造成就医人员上午集中涌向医院带来的交通拥堵问题。

4. *挖掘停车资源*

按照“外围拓展停车资源”思路，推动医院与周边居民小区共享停车位，引导就医人员将车辆停放至附近居民小区，步行前往医院就诊。将医院职工车位疏解到周边居民小区或公共停车场，将院内车位提供给就医人员，并实行限时停车、阶梯差价收费，提高医院车位周转效率。

5. *远端接驳接送*

按照“远端停车接驳、避免交通聚集、转移分散压力”思路，推动医院在周边建设或租用公共停车场，开通免费接驳班车，引导就医人员在远端停放车辆，再通过步行、骑自行车或乘坐接驳车辆到医院就诊，减轻因医院周边停车资源不足造成的道路交通压力。

6. *取消路侧车位*

按照“限制路侧停车、抑制交通出行”思路，取消医院周边道路路侧停车位，并加强违法停车监管执法，腾退停车空间优先保障道路通行，通过停车短缺供给引导就医人员选择公共交通出行，避免因就医人员寻找、等待车位导致的车辆排队。

---

[1] 2015 年 9 月，国务院办公厅下发《关于推进分级诊疗制度建设的指导意见》（国办发〔2015〕70 号），要求立足我国经济社会和医药卫生事业发展实际，遵循医学科学规律，按照以人为本、群众自愿、统筹城乡、创新机制的原则，引导优质医疗资源下沉，形成科学合理就医秩序，逐步建立符合国情的分级诊疗制度，切实促进基本医疗卫生服务的公平可及。（1）基层首诊。坚持群众自愿、政策引导，鼓励并逐步规范常见病、多发病患者首先到基层医疗卫生机构就诊，对于超出基层医疗卫生机构功能定位和服务能力的疾病，由基层医疗卫生机构为患者提供转诊服务。（2）双向转诊。坚持科学就医、方便群众、提高效率，完善双向转诊程序，建立健全转诊指导目录，重点畅通慢性期、恢复期患者向下转诊渠道，逐步实现不同级别、不同类别医疗机构之间的有序转诊。（3）急慢分治。明确和落实各级各类医疗机构急慢病诊疗服务功能，完善治疗—康复—长期护理服务链，为患者提供科学、适宜、连续性的诊疗服务。急危重症患者可以直接到二级以上医院就诊。（4）上下联动。引导不同级别、不同类别医疗机构建立目标明确、权责清晰的分工协作机制，以促进优质医疗资源下沉为重点，推动医疗资源合理配置和纵向流动。

7. 挂号预约车位

按照“挂号车位联动、提前网上预约”思路，将网上挂号与预约车位挂钩，对有停车需求的就医人员，在网上同步分配停车泊位，明确停车精准位置，提供停车导航地图，提前有计划配置停车资源，避免盲目寻找车位产生的无效交通流量。

8. 优化院外流线

按照“分离不同车辆行驶路线”思路，在医院周边道路设置公交车、救护车专用通道，保障其优先通行。实行分道管理，分离过往车辆、就医车辆，避免无序排队、穿插变道。根据路网实际研究实行单向循环通行，减少交通流冲突点，提高车辆通行效率。

9. 改善院内交通

按照“院内交通引导院外交通”思路，优化医院内部交通组织，在医院设置就医人员接送通道，方便即停即走接送患者。利用医院地下空间建设公共停车场，车辆进入地下停车场接送就医人员，分离就医和救护车辆，避免车流交织。

六、景区周边交通组织

城市景区是旅游观光人员聚集区域，特别是节假日期间，旅游景区周边交通拥堵问题非常突出，成为城市道路交通的重要“堵点”。应当根据景区周边路网结构和道路交通规律，以旅游客流为重点对象，以节假日为重点时段，完善交通设施，优化交通组织，努力确保旅游客流交通有序顺畅，让游客舒心不“堵心”。

1. 实行预约参观

按照“限定旅游客流、调控交通需求”思路，根据景区承载能力上限，限定每日最大游客数量，实行景区门票网上预订预售，并向游客建议参观时间，将游客流分散到不同时段，把游客无序参观变为有计划、有组织、有安排参观，合理控制旅游交通需求。

2. 公交主导旅游

按照“公共交通直通景区”思路，在景区周边增设公交站点、便捷轨道公交换乘设施，合理设置共享单车停放区域，打造“公交 + 景区”“单车 + 景区”的旅游出行模式，引导公众尽量选择公共交通抵离景区，减少自驾车流量。

3. 网上预约停车

按照“购票车位联动、提前网上预约”思路，将网上门票预售与预约车位挂钩，对有停车需求的自驾游客，在网上同步分配停车泊位，明确停车精准位置，提供停车导航地图，提前有计划配置景区停车资源，避免盲目寻找车位产生的无效交通流量。

4. 挖掘停车资源

按照“外围拓展停车资源”思路，推动景区与周边居民小区、企事业单位、党政机关共享停车位，引导旅游人员将车辆停放至附近居民小区和单位，最大限度增加停车位供给，缓解景区周边停车资源紧缺状况。

5. 远端接驳接送

按照“远端停车接驳、避免交通聚集、转移分散压力”思路，引导景区在周边建设或租用公共停车场，实行“远端停车+车辆摆渡”“远端停车+自行车”“远端停车+步行”的交通组织方式，免费接驳或引导旅游人员自行前往景区参观，减轻景区周边道路停车和通行压力。

6. 取消路侧车位

按照“限制路侧停车、抑制交通出行”思路，取消景区周边道路路侧停车位，并加强违法停车监管执法，腾退停车空间优先保障道路通行，避免自驾游客因寻找等待路侧车位引发的车辆排队，保障景区道路有序畅通。

7. 临时管控限行

按照“临时限制通行、避免车流过度集中”思路，视情在节假日旅游高峰时段，对景区周边道路采取禁止转向、分车型限行、单向通行、车辆禁行等措施，视情取消景区所有停车位，引导游客优先乘坐公共交通抵离景区，减少自驾前往景区的游客。

8. 实时诱导分流

按照“诱导提示分流均衡交通流量”思路，依托互联网导航平台、道路电子显示屏和交通广播，实时发布景区周边道路交通实况信息，引导驾驶人在旅游客流高峰期间尽量绕行景区道路，通过交通诱导实现交通疏导分流，避免非旅游车辆过度聚集在景区周边的道路上。

七、大型活动交通组织

随着经济社会发展、文化繁荣兴盛，城市国际会议、体育赛事、文艺演出、展会展销、游园花会等大型活动逐渐增多。由于大型活动人流、车流聚集，既对城市道路交通提出保障需求，又给城市道路交通带来严重影响。但由于大型活动时间固定，因此可以提前制定大型活动中交通组织方案，以确保大型活动顺利举行为重点目标，以大型活动开闭幕式为重点时段，以大型活动场馆周边为重点区域，以保障大型活动中车辆人员顺畅通行为重点任务，优化交通组织，既保证大型活动顺利举办，又确保城市交通和谐运转。

1. 临时交通政策

按照“削减社会流量保障大型活动交通”思路，对国家举办、承办的国际大型赛事活动、重大国际会议，城市人民政府可以视情实行临时交通政策，通过中小学放假、企事业单位调休、实施机动车限行等措施，从出行源头削减大型活动举办期间全社会的交通流量。

2. 城区交通管控

按照“分区分层管控疏导”思路，以大型活动举办场馆为圆心，以大型活动开闭幕式为重点，根据场馆周边路网结构，由里向外分别设置管制区、控制区、疏导区，实行道路交

通分区管控，只允许大型活动相关车辆和人员通行，限制社会车辆和人员进出，避免场馆周边交通拥堵。

3. 周边交通限制

按照“区域协调联动联控”思路，对国家举办、承办的大型国际赛事活动、重大国际会议，在削减举办城市社会交通的同时，协调周边省、市联动，加强对进出举办城市主要道路的管控，通过提示、劝导和分流，减少进入活动举办城市的交通流量。

4. 设置专用通道

按照“优先保障大型活动车辆通行”思路，根据大型活动规格规模，视情在“机场和车站—住地酒店—活动场馆”主要道路设置大型活动专用通道，特定时段只允许大型活动相关车辆“专车专用”，禁止社会车辆占用通行。

5. 公共交通主导

按照“公共交通保障观众游客出行”思路，统筹协调大型活动的公共交通保障，通过增加临时线路、多设临时站点、延长运营时间、加开车辆班次等方式，保障大型活动期间，特别是开闭幕式期间的大量客流快速集散出行。大型活动举办期间应当临时取消场馆周边所有停车场、停车位，引导观众游客乘坐公共交通工具参加活动。

6. 网上预约参观

按照“网上预约参观调控交通需求”思路，实行网上预订预售大型活动门票，取消现场门票销售，避免大型活动场馆购票人员过度聚集，引发交通拥堵。大型活动提供远端接驳服务的，实行“购票车位联动、提前网上预约”，将门票预售与预约车位挂钩，在网上同步分配停车位置，提前有计划分配观众游客停车资源，避免盲目驾车前往导致“无处可停”影响道路交通。

7. 优化抵离组织

按照“有组织有计划安排观众”思路，对国家举办、承办的国际大型赛事活动、重大国际会议开闭幕式，应当提前在外围规划设置集合地点“组团”，统一组织乘坐班车集中前往大型活动场馆，分时段、分区域、分批次有序抵达参加活动。活动结束后，再分时段、分区域、分批次撤离大型活动场馆，集中乘车返回外围集合地点，实现“团进团出”“批次抵离”，确保抵离交通有序。

8. 优化场内交通

按照“保障大型活动车辆场内畅行停车有序”思路，根据大型活动场馆内部空间和路网结构，通过物理隔离、护栏隔离等措施，优化场内交通流线，分区设置停车场地，对车辆实行分类管理，确保参加大型活动的贵宾要客就近停车、快速抵离集散，保障大型活动演职人员、工作人员有序停车、有序抵离集散。

9. 保障应急通道

按照“底线思维保障应急交通”思路，在大型活动场馆设置救护车、消防车、警车停放区域，在场馆周边设置应急紧急救援“绿色通道”，确保一旦发生突发情况，能够保障相关车辆快速通行。

10. 滚动交通管制

按照“滚动交通管制减少交通影响”思路，在要客外宾参加大型活动需要交通管制的情况下，应当通过摩托车“铁骑”和交通信号灯联动方式，滚动护卫警卫车辆快速抵离大型活动现场，避免简单直接封路、长时间封路导致城市大面积交通瘫痪。

11. 交通实时诱导

按照“诱导提示分流均衡交通流量”思路，依托互联网导航平台、道路电子显示屏和交通广播，实时发布大型活动期间道路限行、禁行信息，发布城市道路运行状况信息，提示公众优先选择公共交通出行，引导驾驶人提前避开管控区域，避免交通延误。

第九章

城市道路线路交通组织优化

城市道路是城市的毛细血管，是城市路网的基本构成，是城市交通出行的前提，是城市人车通行的载体。城市道路交通运行情况的好坏，直接受道路交通组织影响，也直接体现在道路交通通行状况上。城市道路线路交通组织优化，就是在有限的道路空间上，科学合理地分时、分路、分车种、分流向调控使用道路资源，使道路交通始终处于有序、合理、高效的运行状态。

一、慢行交通组织

提高城市居民步行和非机动车分担率，是实现生态城市、绿色交通的关键，也是宜居城市和活力城市的保障。城市道路交通组织优化，必须首先优化行人、非机动车出行空间，保障行人、非机动车安全、连续、舒适出行。

1. 应设尽设

按照“慢行交通优先于机动交通”思路，原则上除城市快速路外，城市主干路、次干路、支路都应当按照相应标准设置人行道、非机动车道。对道路通行空间不足的，优先设置人行道、非机动车道，减少和压缩机动车道，树立慢行交通优先的鲜明导向。

2. 舒适连续

按照“保障慢行交通顺畅通行”思路，清除人行道、非机动车道物理障碍，移除阻挡慢行出行的市政设施，拆除违规违法建筑，修复坑洼毁损路面，治理违法乱停乱放，改善沿线绿化景观，完善交通服务设施，保障行人、非机动车舒适、平稳、连续、便捷、无障碍通行。在施划路侧停车位的路段，可以研究设置“内嵌式车位”[1]，避免因机动车停放启动、开关车门影响非机动车安全通行。对较宽的城市道路，可视情将非机动车道从道路两侧合并设置到一侧双向通行，也可在道路两侧都设置双向通行非机动车道。

---

[1] 内嵌式停车位，位于机动车道和非机动车道中间，并非像以往那样紧贴便道。这样一来，停在车位上的小汽车就充当了隔离带的作用。这种“内嵌式”停车位在解决机动车“停车难”问题的同时又保障了非机动车的路权。参见《内嵌式停车：充当隔离带的车位你见过吗?》，2017 年 5 月 17 日，人民网-科普中国，http：//kpzg. people. com. cn/。

3. 空间隔离

按照“最大限度确保慢行交通安全”思路，通过加装隔离栏、铺设路缘石、设置绿化带，在空间上隔离机动车道、非机动车道、人行道，在路口进行彩色铺装，明确机动车、非机动车、行人的路权，做到“机非分离”“人机分离”“人非分离”，避免机动车干扰行人、非机动车，保障慢行交通安全。

4. 立体过街

按照“保障慢行交通安全过街”思路，根据慢行交通出行规律特点，在快速路、主干路设置地下通道、过街天桥等立体过街设施，在主干路、次干路路口设置人行横道信号灯、二次过街设施，在次干路、支路路段视情设置人行横道、请求信号式人行横道，保障慢行交通出行者安全过街。

5. 顺畅接驳

按照“顺畅衔接慢行与公共交通”思路，完善连接地铁站、公交车站的慢行交通路网，设置非机动车道和人行道，优化通行路径，并在公共交通站点周边投放公租自行车或引导科学投放共享单车，保障慢行交通与公共交通高效、顺畅衔接。

6. 行人优先

按照“行人密集区域保障行人优先通行”思路，在城市广场、集中商圈等区域周边道路，视情设置“商业步行街”，创新设置“行人优先街道”“限时通行街道”，限制机动车通行，优先保障行人交通需求。

7. 建设专道

按照“保障非机动车快速通行”思路，根据城市路网情况和非机动车出行规律特点，设置单独隔离的“自行车高速路”“自行车专用路”“自行车快速路”或“空中自行车专用路”，并完善沿线服务保障设施，优先保障非机动车快速通行，鼓励引导公众选择绿色交通出行。

8. 由外转内

按照“减少机非冲突调整车道”思路，将非机动车道由设置在“道路外侧”改为设置在“道路中间”[1]，并完善安全防护设施，非机动车通过路口人行横道转向疏散，减少非机动车转向时与机动车的相互干扰，提升非机动车通行安全，提高道路通行效率。

二、时间交通组织

城市道路交通由动态车流组成。道路交通车流量 = 单位时间 × 车速/（车距 + 车身长）。道路车流量由单位时间和车辆速度决定，时间是交通组织的重要资源，完全可以通过调整时间来控制交通流量，以时间换空间。时间交通组织就是根据路线交通流量规律特点，在时间上分离不同交通流，将交通流均衡分布到不同时段，实现道路路网交通流量负荷均匀。

---

[1] 美国华盛顿部分街道在道路中央设置了非机动车道。

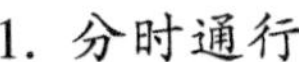

1. 分时通行

按照“高峰重点保障通勤交通”思路，在早晚高峰进出城主要通道，采取限制货运车辆、异地车辆通行等措施，为通勤车辆预留通行空间。对市中心交通流量集中的道路，在早晚高峰时段实行限时单双号通行、限时收取通行费等措施，减少非刚性通勤车辆出行。

2. 限时专行

按照“高峰保障专用、平峰恢复常态”思路，在早晚交通高峰时段，启用公交车道、合乘车道等专用车道，优先保障“大容量”车辆快速通行，引导公众集约出行。在交通平峰时段，可视情取消专用车道，恢复正常通行，提高闲时道路资源利用率。

3. 夜间通行

按照“白天保障客车、夜间保障货车”思路，在确保城市正常生产生活的基础上，视情在白天禁止货运车辆进入城市部分重点区域、重点道路，确实需要白天通行的必须办理通行证件，并按照规定路线通行，最大限度从时空分离客货车辆，提高道路安全性和通行效率。

4. 绿波控制

按照“重点保障主干道路通行”思路，通过“信号灯多点控制技术”，将城市主干路上一批相邻的交叉路口交通信号连接起来，进行协调控制，使主干路上车辆通过交叉口时尽可能地遇到绿灯，为主干道直行方向的车队提供最长“绿波带”，降低干线上的延误和停车率，保障主干线车辆快速通过。绿波带控制分为单向绿波带控制和双向绿波带控制。如果道路断面交通流主要集中于一个方向，可以设置单向绿波带控制；如果两个方向交通流相差较小，可采用双向绿波带控制。遇有警卫、消防、救护、抢险等紧急任务时，可通过指定路线单向绿波带控制，保障执行任务的车辆快速通行。

5. 预约通行

按照“以道路容量安排车辆计划通行”思路，根据城市重点区域、重点道路设计的最大车辆容量，应用信息技术设定固定时段道路最大通行量，引导私人小汽车驾驶人，在互联网平台提前预约在一定时段通行既定道路，实现道路资源有计划配置使用，防止“无序”“盲目”出行导致的严重交通拥堵。❶

❶ 深圳率先进行了探索，在2019年国庆假期前发布《深圳东部景区预约通行指南》。预约通行区域：大鹏片区、梅沙片区。预约车辆规定：9座及以下小型客车，必须经网络预约成功，才能进入预约通行区域。10座及以上客车、出租车、载货汽车、警车、消防车、救护车、工程抢险车及前往惠州等地的高速公路过境车辆，不受预约通行规定的影响。预约通行区域生产生活车辆不受影响：（1）为保证预约通行措施不影响东部两个片区内部政府、机构、企业、居民的生产生活，对东部两个片区内部政府、机构、企业、居民所有车辆统一予以备案，不受限行规定的影响；（2）在辖区交警大队开放临时备案接口，为辖区内紧急需求提供即时备案，备案车辆数不受预约配额限制。预约配额：梅沙片区设定预约配额5万个，其中个人预约配额4万个，商户预约配额1万个。大鹏片区设定预约配额3万个，其中个人预约配额2万个，商户预约配额1万个。预约渠道：搜索或扫描二维码，关注“深圳之窗”微信公众号，获取2019年深圳东部限行预约入口。预约时段：预约时段为上午（0点至12点），下午（12点至18点），晚上（18点至24点），预约成功后将收到短信提醒。处罚规定：限行期间，公安交管部门将通过在出入预约区域的关键路段、节点的车牌识别卡口进行识别，违者将按照“违反禁令标志”处300元罚款、扣3分。参见“深圳之窗”网站，https：//city. shenchuang. com/。

三、设置专用车道

道路通行空间有限。可以通过道路“再分配”，重置车道空间资源，保障特定车辆优先通行。设置专用车道就是设置特定用途车道，分离不同功能交通流量，提高道路断面资源配置效率。

1. 潮汐车道

按照“早高峰保障进城、晚高峰保障出城”思路，针对早晚高峰通勤交通流量流向的不均衡，在进出城主要通道设置“可变潮汐车道”，通过信号控制、标线分隔、物理隔离等措施，控制该车道上车辆的行驶方向，在早高峰变为进城通道、晚高峰变为出城通道，最大限度提高交通流量较大方向的交通通行量，实现道路资源最优化配置。

2. 专用车道

按照“保障公共交通优先通行”思路，在城市中心区及交通密集区域设置网络化、全覆盖、连续成网的公交专用道，有条件的设置快速公交隔离专用道，挤压私人小汽车通行空间，保障高峰时段公交车运营速度，引导自驾人员选择公共交通出行通勤。为鼓励集约出行，允许机场巴士、校车、班车使用公交专用道。

3. 定向车道

按照“远近交通分离、避免变道交织”思路，根据城市快速路交通出行规律特点，在道路内侧设置以远距离地点为目的地的专用通道，施划实线禁止变道，分离远近交通流，避免车辆频繁变道交织造成的“幽灵堵车”❶，提高道路通行效率。

4. 错时车道

按照“根据需求调整道路功能”思路，视情在城市人流密集区域设置机动车和行人错时通道，在行人出行高峰时段禁止机动车通行，在行人出行平峰时段只允许机动车通行，保障一定时段“重点交通”的出行需求，促进道路使用最优化。

5. 合乘车道

按照“鼓励集约出行减少空驶”思路，视情在城市部分道路设置合乘车道（High Occupancy Vehicle，HOV），在规定的时间段内只允许有两个以上乘员的车辆通行，保障满载乘客车辆优先通行，限制单人“空驶”车辆，鼓励多人拼车合乘，减少道路出行交通量。

---

❶ 莫名其妙的堵塞现象被交通专家称为“幽灵堵车”。在拥挤的公路上，很可能仅仅由于某个驾驶人紧急制动、突然变道或者超车，造成短暂的停顿，就会在这辆车的后方引发一连串的停顿——这条道路像撞上幽灵一样发生了堵车。其实，道路并没有真正被“堵”，只是产生了汽车行驶的时间差。越是往后，积累的时间差越大。由于第一辆车的制动，后面所有的驾驶人也必须制动，一辆辆车传递下去，带来连锁反应，于是出现走走停停的“波动效应”，就会导致大面积的公路交通整体减速。参见《用数学解决堵车问题》，《大科技百科新说》2010年第9期。

6. 共享街道[1]

共享街道也称生活化道路，是一种机动车、行人、非机动车及公众其他出行方式平等共享的街道。共享街道不仅没有交通信号灯、停车标志，甚至没有路缘石和人行横道，其主要理念就是一旦去除这些控制符号后，每个人都会被迫提高出行时的警觉性，通过“精神减速障碍物”（Mental Speed Bumps），实现“心理交通稳静化”（Psychological Traffic Calming）[2]，最终迫使所有道路使用者变得更有合作精神。

四、通行交通组织

通行交通组织就是通过调整控制交通出行方向、行驶速度等方式，最大限度挖掘道路通行资源，提高道路通行效率。

1. 单向通行

按照“减少交通冲突单向组织交通”思路，结合实际利用次干路路网设置单行道，在一定时段只允许机动车向一个方向通行，从而减少交通冲突、交织、干扰，提高通行速度，提升通行能力。为保障绿色交通优先通行，单行道应当允许公交车、非机动车双向通行。

2. 变向通行

按照“根据流量变化、调整通行方向”思路，根据路段“潮汐交通”流量规律特点，结合实际分时段转换单行道通行方向，把单行道打造成“单向潮汐车道”，提高早晚高峰时段不同方向的道路通行能力。

3. 循环通行

按照“打通支路循环、缓解主路压力”思路，结合实际利用支路路网，以兼顾通行和停车为目的，构建单行微循环交通系统，疏导分流主干路饱和车流，利用“毛细血管”使整体路网更畅通。同时通过在支路，尤其是老城区的窄路实行“单停＋单行”“双停＋单行”的通行方式，兼顾解决居住区“停车难”问题。

4. 控速均衡

按照“限制通行速度、均衡通行流量”思路，在早高峰“调低”进城道路限速、晚高峰“调低”出城道路限速，通过降速控制车流聚集速度，减缓重点区域拥堵。同时通过降速缩小车辆前后车距，减少道路空间浪费，增加道路整体容量，提高道路通行能力。

5. 变道控制

按照“限制车辆变道、减少交通干扰”思路，在城市桥梁、地下通道、城市隧道等交

---

[1] 所有的街道改造项目其目的都是为了构建人、场所和交通的和谐关系，体现公共资源分配的社会公平性。而共享街道概念几乎是其中最为大胆的措施，对交通控制概念几乎是颠覆性的实践。它认可的是通过所有人的自律性替代信号灯、交通标志标线、路缘石、标志标线、执法摄像头等外部约束性要素。它带来的结果却是更少的拥堵、更快的公交、锐减一半的交通事故、更多的手势和交流、更顺畅的交通流。目前在欧洲和美国都有实践。参见微信公众号“一览众山小-可持续城市与交通”，2015 年 4 月 7 日，《共享街道的六大实例》。

[2] 参见［美］汤姆·范德比尔特著《开车经济学》，中信出版社 2009 年 4 月版第 170 页。

通瓶颈路段，禁止车辆变道、超车，保障车流匀速有序通行，减少车流冲突干扰，提高道路安全性和通行量。

五、瓶颈路段交通组织

“木桶原理”表明，道路通行能力由通行能力最小的路段决定。应当以影响道路通行能力的瓶颈路段为重点，按照“衔接顺畅”“道路匹配”“减少交织”“避免干扰”原则，最大限度减少瓶颈制约，消除“交通梗阻”。

1. 逐级接入

按照“逐级接入上级道路”思路，根据城市道路不同功能，按照支路接入次干路、次干路接入主干路的顺序，逐级接入上级道路，避免支路直接接入主干路，导致生活性交通流影响通过性交通流。

2. 合分组织

按照“避免进出车流交织”思路，应当对城市快速路科学设置出入口位置，规范设置加减速车道，尽量避免主线车流受进出快速路的合流、分流影响。快速路出口匝道应当与前方道路交叉口保持适当距离，并与辅路车道并行设置独立的直行和转弯车道，确保尽快疏散快速路出口车辆，避免下匝道车辆与辅路车辆交织积压，干扰快速路主线通行。

3. 汇入控制

按照“信号调控、交替通行”思路，对快速路匝道入口车辆、快速路连接合流车辆，进行自适应信号控制，根据主线交通饱和程度调控进入快速路的车辆。对非灯控车道合流路段，按照“先右后左”“拉链式”通行方式，保障车辆交替通行、有序汇入，避免争道抢行导致的车辆排队。

4. 站点设置

按照“公交站点港湾设置、相邻站点合理分布”思路，城市道路特别是主干路公交站点应当采用“港湾式”设置，减少公交车辆停靠上下客对道路正常通行的影响。避免公交站点车辆班次过多、相邻站点位置过近，以防交通高峰时段公交车辆形成“串车”“列车”，导致路段交通拥堵。

5. 桥隧组织

按照“进出车道衔接匹配”思路，针对桥梁、隧道路段车道变少、变窄的特点，提前对连接桥梁、隧道出入口的道路进行渠化，实现进出桥梁、隧道车道渐变平滑顺接，避免因车道减少产生瓶颈而导致的车辆在桥梁、隧道入口处聚集拥堵。

六、施工交通组织

城市道路施工占用道路资源，干扰正常通行，容易形成城市道路交通“梗阻”，造成严重交通拥堵。应当以“降低交通干扰”和“保障基本通行”为重点，按照“占道补偿、错

时施工、交通调整、分流绕行”原则，科学组织施工道路交通，最大限度减少施工对道路上的交通流的影响。

1. 综合管廊

按照“从源头解决拉链马路”思路，结合实际建设地下城市管道综合走廊，将电力、通信，燃气、供热、供水、排水等工程管线，集中纳入道路地下空间隧道，从根本上解决占用城市道路反复“开膛破肚”进行市政管线建设、维修、改造施工的问题。

2. 改进工艺

按照“减少施工时间、缩小施工范围”思路，督促引导改进道路施工技术工艺，压缩施工时间，减少占道面积，提高施工效率。实行错时施工制度，尽量安排在交通平峰和夜间时段施工，必须保障白天交通高峰时段施工路段的顺畅通行。

3. 道路替代

按照“占道补道、保持不变”思路，根据施工路段道路状况，通过收窄车道“挤出”车道，借用绿化带修建临时便道，“占一补一”，在尽量增加道路通行空间的同时保持车道数量不变，避免形成严重道路瓶颈，保障施工路段沿线居民的基本出行需求。

4. 优先保障

按照“全力保障绿色交通出行”思路，施工路段必须保障非机动车、行人通行空间，尽量保留公共交通通行线路和停靠站点，减少对施工路段周边居民出行影响。对无法通行的公交车辆，就近调整班线线路，最大限度方便施工路段沿线居民出行。

5. 通行调整

按照“通过交通管控调整施工路段通行”思路，根据施工路段道路“剩余”资源，视情采取单向通行、禁止转向或掉头、限制通行等措施，保障基本交通出行。对占用道路资源较多的，可采取“半幅施工＋半幅双向通行”“半幅施工＋半幅交替通行”方式，确保施工路段不“断交”。

6. 多点分流

按照“减少断交施工、提前分流绕行”思路，尽量避免“断交”施工，确须“断交”施工的，必须修建或规划绕行线路，并通过提前提示、远端疏导、多点分流，引导过往车辆提前分流绕开“断交”施工路段，避免进入“断头路”。

7. 诱导均衡

按照“诱导提示分流均衡交通流量”思路，依托互联网导航平台、道路电子显示屏和交通广播，实时发布施工路段及周边道路通行情况，引导驾驶人提前避开施工路段，通过交通诱导实现交通提前自动疏导分流。

七、事件交通组织

城市一旦发生自然灾害、重大事故、公共卫生事件、社会安全事件等突发事件，既可能给城市道路交通带来严重影响，也会因抢险救援对城市道路交通提出紧急需求。应当树立底线思维，以“保障抢险救援”和“恢复交通运行”为重点，按照“立即管制、设置专道、多点分流”原则，迅速做好突发事件交通组织，减少突发事件对城市交通的影响。

1. 制定预案

按照“底线思维、有备无患”思路，坚持问题导向，树立底线思维，根据城市突发事件处置总体预案，提前制定突发事件交通应急处置预案，并组织开展实战演练，不断修正和补充完善，提高预案的针对性、实效性、可操作性，确保有备无患。

2. 分区管控

按照“分区分层管控疏导”思路，出现突发事件后，应当以突发事件发生地为圆心，根据周边路网结构，由里向外分别设置管制区、控制区、疏导区，实行道路交通分区管控，按照只出不进原则，限制社会车辆进入。

3. 紧急疏散

按照“管制区限制通行”思路，迅速控制管制区所有道路，设置警戒带、隔离设施，加强巡逻管控，及时疏散无关车辆和人员、清空突发事件管制区，保障应急抢险、救援、施救、处置顺利进行。

4. 开辟专道

按照“优先保障应急抢险交通”思路，迅速打通“抢险救援单位—突发事件现场—医院—其他地点”应急抢险救援专用通道，保障应急指挥、抢险救援、医疗救护、危险处置等车辆和人员进出突发事件现场，及时处置突发事件。

5. 多点分流

按照“加强外围疏导分流”思路，以进入疏导区、控制区道路为重点，设置交通管控点，并通过交通信号控制、交通警示牌提示，由远及近、由外至内，梯次分流过往车辆，引导车辆绕开管控区域。

6. 调整线路

按照“公共交通联动调整”思路，及时调度调整公共交通运行线路，通过“甩站”“并站”“绕行”等方式，原则上禁止公交车进入管制区，视情允许通过疏导区、控制区，保障周边居民基本出行需求。

7. 诱导引导

按照“诱导提示分流均衡交通流量”思路，依托互联网导航平台、道路电子显示屏和交通广播，实时发布管控区域及管控路段信息，提示社会公众选择公共交通出行，引导驾驶人提前避开管控区域和道路，让出应急抢险救援专用通道。

第十章

城市道路节点交通组织优化

平面交叉口、环形交叉口、立交出入口等交通节点是城市路网结构的“纽结点”，是城市道路交通的聚集点，是影响道路乃至路网运行的关键点，是道路交通拥堵的多发点。如果交通节点设置不科学，必然产生“蝴蝶效应”，由点及线、由线扩面导致交通拥堵瘫痪。应当按照精益求精的要求，坚持“螺蛳壳里做道场”，盯住每一个路口，精之又精、分之又分、细之又细利用好路口的每一寸土地、每一秒时间，把路口打造成城市交通精细化管理的样板。城市道路节点交通组织优化，就是明晰各种交通方式在道路节点空间和时间上的通行权，在实现安全、有序通行的前提下，充分挖掘节点资源，实现最优化配置，提高节点通行效率。

一、路口渠化组织

路口渠化组织，就是采用交通标志、标线等交通工程语言，合理组织路口通行流线，简单、明晰地引导车辆和行人有序、快速通行，减少路口交通冲突点，提高路口通行能力。

1. 缩小路口

按照“最大限度缩短车辆行驶距离”思路，适当将路口车辆停止线前移，向路口中心方向压缩，缩小路口面积，从而缩短车辆在路口内的行驶距离，增加路口等候车辆数量，提高路口“车辆容积率”，提升路口车辆通过能力。

2. 路口展宽

按照“路口路段车道衔接、相互匹配耦合”思路，对路口进行展宽，通过收窄车道、右转前置、拓宽路口等方式，增加进口车道与出口车道，设置左、右转专用车道，使路口与上下游路段通行能力衔接匹配，避免形成路口交通“瓶颈”。

3. 流线导引

按照“明确行驶流线、引导快速通行”思路，在路口平面内施划机动车直行和转弯导流线，在车道渐变段施划鱼肚线，在有条件的路口设置导流岛，清晰引导车辆安全、有序、快速通过路口，避免因驾驶人“迟疑”造成的路口通行效率下降。

4. 增强视认

按照“路口交通信号清晰无死角”思路，通过调整交通信号位置，优化交通标志标线，增设提示设施，铺装彩色路面，甚至视情在路面施划彩色图案，实现路口交通信号“高、大、上”设置，确保行人、非机动车、机动车“全天候”“全时段”“全气候”“360 度无死角”可视，增强路口视认性，提高路口安全性。

二、路口交通组织

路口交通组织，就是根据路口道路资源和交通流量特点，采取科学的通行次序、时序、顺序、方式，最大限度利用路口空间资源，实现路口通行能力的最优化。

1. 左转待行

按照“利用信号间隙、先放直行后放左转”思路，在路口设置“左转待行区”，在同向直行方向放行期间，引导左转机动车提前进入待行区域，使其在左转信号灯亮起后迅速通过路口，并可施划交通标线引导车辆实行“单排等候、双排通行”[1]，进一步提高左转车道通行能力。

2. 直行待行

按照“利用信号间隙、先放左转后放直行”思路，在路口设置“直行待行区”，在左转方向放行期间，引导直行机动车提前进入直行待行区，使其在直行信号灯亮起后迅速通过路口，促进提高直行车辆通行能力。

3. 双待双行

按照“利用信号间隙、以时间换空间”思路，在路口设置“直行待行区”和“左转待行区”，通过路口信号灯联动配合，在相交路口左转方向放行期间，引导直行机动车进入直行待行区域，使其在直行信号灯亮起后迅速通过路口，在直行车辆通行时引导同向左转机动车进入左转待行区，使其在左转信号灯亮起后迅速通过路口，提高路口综合通行能力。

4. 借道左转

按照“利用相邻闲置车道、增加左转资源”思路，采取“同向道路资源不足逆向补”的方式，在路口左转车道相邻对向车道增加一条或多条“逆行”左转车道，通过信号联动控制，引导机动车以类似“左转待行”方式进入“逆行”车道等待并左转，从而在不改变路口信号周期的情况下，进一步提高左转机动车通行数量。

5. 位移左转

按照“利用信号间隙、重组道路断面、车道空间腾挪”思路，将路口左转车道渠化转移至对向车道最右侧，通过信号联动控制，实现相对方向直行和左转同时放行，从而减少信

[1] 西安在部分路口左转车道前方地面施划了“黄色边框 + 数字 1”和“黄色边框 + 数字 2”标识，实行“单排等候、多排通行”，当左转信号灯亮起时，等候车辆依次按照地面数字 1、2 方向沿导向线快速左转。参见《西安马路新标识黄框 1 和 2 让左转车辆变“双车道”》，《华商报》2016 年 11 月 9 日。

号相位，减少交通冲突，大幅提升路口通行效率。[1]

6. 左转右置

按照“减少左转变道交织影响正常通行”思路，在两个相距较近的路口或距离公交站较近的路口，根据左转交通流量情况，将左转车道从道路最左侧转移至最右侧，或者在道路最左侧和最右侧同时设置左转车道，从而避免最右侧车道上的左转机动车向道路左侧连续变道进行左转，影响干扰直行机动车正常通行。

7. 可变导向

按照“根据交通流量变化调整道路资源配置”思路，在路口设置可变导向车道，根据路口交通流量流向变化，适时调整车道允许车辆行进的方向，实现“同向互补，路随车变”，以提高交通流量较大方向的机动车通过能力，缓解路口交通拥堵。

8. 禁止转向

按照“通过减少转向提高路口通行能力”思路，在交通高峰时段，临时限制机动车左转或右转，并在交通平峰时段恢复机动车左转或右转，以减少交通高峰时段路口信号相位，提高路口通行效率。

9. 掉头前置

按照“提前分离掉头车辆”思路，在进入路口的路段上游合理位置设置掉头车道，允许机动车提前掉头，避免在路口掉头占用路口资源。对较窄的路段，可视情在道路右侧设置左转和掉头共用车道，增加掉头转弯半径，提高掉头车辆的速度。

三、信号控制优化

交通信号控制是交通信号机按照信号配时方案，控制信号灯的颜色转换，从时间上分离交通流，保障车辆和行人安全、有序、高效通行。交通信号控制的本质是“以时间换空间”，就是在空间上无法实现分离的地方，通过在时间上分配通行权，进行“时间 + 空间”协同优化、“路网 + 节点”综合统筹，实现交通流的最大通行效益。应当按照“分离冲突、效率优先、平衡路权、确保安全、弱势保护”的原则，优化交通信号控制，科学分配道路时间资源。

1. 科学设置

按照“交通信号控制与路口交通组织相协调”思路，规范设置机动车信号灯、非机动

---

[1] “移位左转”（Displaced Left Turn，DLT）又称为连续流交叉口（Continuous Flow Intersection，CFI），基本原理就是将相对方向的直行和左转，在充分利用“时间差”的情况下，在空间上把它们排列开，让相对方向的直行和左转可以同时进行而不发生冲突。这样也就是将原有的左转相位移到交叉口之外，交叉口内只留有一个直行相位，整个路口的通行延误会大大减少。“移位左转”最早在墨西哥使用，美国第一个 CFI 交叉口 1994 年在新泽西州建成并投入使用，迄今为止全美在 13 个州里共建了有超过 40 个这样的交叉口。2017 年 10 月，深圳成为全国首个实施“移位左转”的城市。参见微信公众号“交通言究社”，2017 年 11 月 29 日，《探索治堵新方法深圳实施“移位左转”有效果》。

车信号灯、行人信号灯，科学设置方向指示信号灯、车道信号灯，配合路口渠化组织行人和车辆有序通行。可以结合实际在路口设置“黄灯缓冲区”❶，黄灯亮起时进入缓冲区的车辆可以继续行驶通过路口，消除驾驶人遇到黄灯“犹豫不决”和“进退两难”导致的安全隐患。

2. 协调联控

按照“交通信号控制点线面联动”思路，应用响应式联机操作控制系统，实行交通信号灯区域协调控制，干线绿波控制，点位自适应控制，防止“排队溢流”“路口锁死”，提升交通信号灯精细化控制水平。

3. 科学配时

按照“信号灯时间跟着流量走”思路，根据不同时段、不同流量规律特点，制定工作日、节假日和早晚高峰、平峰、夜间等时段差异化的交通信号配时方案，合理确定信号周期、相位相序和绿灯间隔，定期进行优化调整，确保信号控制方案与交通流量相适应。夜间可视情将交通信号灯调整为黄闪灯。

4. 搭接放行

按照“临时将空闲路口时间资源补给饱和路口”思路，实行“不对称相位搭接放行方式”，适当增加交通流量较大路段的放行相位时间，压缩交通流量较小路段的放行相位时间，实现路口通行时间资源均衡，减小路口排队长度。❷

5. 单口轮放

按照“一个时间段集中放行一个方向车流”思路，对交通流量较大，直行、左转混放易堵的路口，实行单口轮流放行，解决直行、左转机动车冲突问题，最大限度提高路口通行能力。

6. 人工调控

按照“特殊情况人工干预”思路，在路口交通状态出现异常或遇有紧急突发情况，原设置交通信号方案不能有效疏导路口交通流时，临时由人工手动控制接管信号控制，及时疏导交通，处置异常情况。

7. 公交优先

按照“保障公共交通优先通行”思路，在路口为公交车提供优先通行信号，在时间上给

---

❶ 新加坡设置箭头缓冲区避免紧急制动。在新加坡闯黄灯要受罚。但为了给驾驶人缓冲时间，在红绿灯路中的停止线之前有3个箭头。各色灯亮起时，车辆处于不同位置，情况也不一样。从绿灯变为黄灯时，车辆处于离停止线最远的箭头的位置，强行通过要被罚款扣分；车辆处于离停止线较近的第二个或第三个箭头时，车辆通过视为正常通行。参见《国外“黄灯记”三色信号灯起源美国》，《新京报》2013年1月5日。

❷ 搭接相位是采用对称放行且直行左转分属不同相位的路口，在该相位放行期间，某进口左转和直行同时放行，而对向进口左转和直行均停车等待的情形。搭接相位主要适用于进口道交通流不对称的情形。当路口某一条道路的两个进口道方向的交通流量不对称，如南进口左转和直行流量均大于北进口时，可考虑采用搭接相位的形式进行信号控制，将流量较小的流向提早关闭，提前开启流量较大的方向。参见《搭接相位设置及注意事项》，2018年3月6日，腾讯网，https：//new. qq. com/。

予公交车优先通行权，提高公交车运行速度，减少公交车交通延误，落实“公交优先”政策。

8. 保障安全

按照“以交通信号调控车辆速度保障通行安全”思路，在夜间车流较少时段取消干线绿波控制，通过红波控制增加机动车起停，实时干预降低机动车行驶速度。取消信号灯倒计时牌，避免机动车“争分夺秒”、争道抢行、“冲刺闯灯”，保障路口交通安全，同时也为实现交通信号自适应控制清除障碍。

9. 智慧调控

按照“通过新技术提升交通信号优化效能”思路，基于大数据、云计算、物联网、互联网等新技术，推广应用“AI＋信号灯”“互联网＋信号灯”等交通控制新模式，根据交通流量实时自动调控信号配时方案，让交通信号灯更加智能，提升交通信号控制专业化、信息化、智慧化水平。

四、行人过街优化

路口车流、人流交织，交通冲突点多，行人过街安全尤为重要。应当按照“保障行人安全便捷通过”原则，优化行人过街交通组织，确保行人快速、便捷、安全通过路口。

1. 空间分离

按照“机动车和行人立体分离”思路，可在有条件的主干道路口设置四面相互连通的步行连廊、过街天桥、地下通道等立体过街设施，彻底将慢行交通与机动车分离，保障行人安全通过路口。

2. 缩短距离

按照“尽量缩短行人过街距离”思路，减小路口右转弯半径，降低右转弯机动车速度，缩短行人过街距离，减少行人过街时间，确保行人安全过街。

3. 安全提示

按照“警示机动车避让行人”思路，增设人行横道标志标线，设置“立体斑马线”“发光斑马线”“智能斑马线”，建设行人过街预警系统，提示机动车提前减速避让过街的行人，提高行人过街安全性。

4. 二次过街

按照“保障一个信号相位无法通过路口的行人安全”思路，设置二次过街安全岛，完善防撞安全设施，保障行人安全驻足。根据二次过街设施设置情况，可实行二次过街半幅分段交通信号控制，减少行人等待时间和过街时间。

5. 全向过街

按照“保障行人集中路口全向快速通过”思路，在人流量偏大、车流量相对较少的路口，可设置“全向十字路口”，在机动车信号灯全红周期，引导行人全方向自由横向、纵向

和斜向穿行路口空间，保障行人通行安全和便利。❶

6. 右转控制

按照“路口行人绝对优先通行”思路，对人流量较大路口，实行机动车右转专用信号控制，避免右转机动车和行人争道抢行，优先保障行人过街安全。

7. 合理等待

按照“信号配时必须符合行人心理预期”思路，人行横道信号灯配时要科学合理，“不合理的等待时间要比合理的等待时间显得漫长”，行人等待时间一般不能超过“行人忍耐等待时间”或“行人可接受等待时间”❷，以避免行人“忍无可忍”闯红灯抢行问题。

五、非机动车通行优化

非机动车在道路最右侧通行，通过路口时流线长、冲突多、转弯难。应当按照“避免路口机非交织、保障非机动车安全快速通过”原则，合理优化非机动车路口通行空间，提高非机动车过街的安全水平和效率。

1. 位置前移

按照“非机动车先起先行”思路，根据非机动车几乎无起动反应时间损失的特点，将非机动车停止线前移至机动车停止线前，红灯期间非机动车在机动车前待行，绿灯亮起后非机动车先行驶入路口，避免非机动车与机动车同时过街。

2. 蓄水放行

按照“非机动车路口提前待行”思路，在路口设置非机动车待行区，通过信号控制，在机动车交通信号间隙将非机动车提前引入待行区“蓄水”等候，并先于机动车放行，从而避免非机动车与机动车交织冲突。❸

---

❶ “全向行人过街”也称“巴恩斯之舞”（Barnes Dance），最初问世于20世纪40年代的美国和加拿大，是指路口有一个信号灯全红周期，所有方向的机动车都停下来，能让行人全方向自由穿行路口空间，包括横向、纵向和斜向。“巴恩斯之舞”的名字，是为了赞誉和纪念美国交通工程师亨利·巴恩斯。他是美国丹佛市的第一位交通工程师，在20世纪40年代，他首先在自己的家乡科罗拉多州丹佛市，推荐采用了全向过街方式，后来把这个方案介绍到了巴尔帝摩和纽约。参见官阳撰写的《全向行人过街的巴恩斯之舞》，《汽车与安全》2018年第11期。

❷ 浙江省地方标准《城市道路人行过街设施规划与设计规范》（DB 33/1058—2008）“平面过街设施”章节规定了行人忍耐时间：交叉口信号控制行人过街可忍受等待时间不宜大于80秒，特殊条件下不应大于90秒；路段信号控制行人过街可忍受等待时间不宜大于60秒，特殊条件下不应大于70秒。

❸ 广西南宁北湖立交桥底车流量较大，非机动车在早晚高峰期的通行量每小时逾万辆，加上路口直行和左转同时放行，造成该路口通行效率缓慢，机非车流冲突严重。南宁交警部门在该路口推广应用“蓄水式”放行交通组织模式，实施“二次蓄水”。在东、西、南三个进口的非机动车等待区划定了两个阶段的待转区，当前方的电子引导牌出现了黄色字体的“请电动自行车驶入停车区”提示时，等候的非机动车进入第一阶段等待区；随着绿色字体“请电动自行车驶入待行区”提示亮起，非机动车进入第二阶段等待区。当绿灯亮起，非机动车就可以通行了。应用“蓄水式”放行模式后，消除了机动车直行与左转车辆同时放行的冲突，减少了交通事故隐患，非机动车的通行效率提高了50%左右。参见《南宁推广电驴“蓄水式”放行 通行效率提高50%》，《南宁晚报》2019年4月11日。

3. 优化左转

按照“避免左转非机动车与机动车交织”思路，优化非机动车左转方式，视情实行“左转一次过街”或“左转二次过街”通行，并施划导流线，设置等待区，明晰非机动车行驶流线，减少非机动车与机动车交织冲突。

六、畸形路口交通组织

畸形路口是指超过4条进口道的多路交叉口、错位交叉口等不规则路口。由于畸形路口交通流向复杂、冲突点多，容易成为城市道路交通的堵点和乱点。应当按照“扶正去斜、化繁为简、限流调控、渠化引导”原则，对畸形路口进行交通组织优化，减少冲突点，提高通行能力。

1. 转换规范

按照“变畸形路口为规则路口”思路，对错位不大的“X形”畸形路口，通过交通微改造，将“畸形路口”改为相对规则的路口，按照正常路口进行交通组织。

2. 立交改造

按照“畸形路口立交化改造”思路，对涉及主干路、交通流量大的多路畸形路口，可对主干路进行立交化改造，通过上跨下穿方式通过畸形路口，并对地面路口交通组织进行再优化，提高路口通行能力。

3. 设置环岛

按照“畸形路口环岛化通行”思路，对交通流量不大的多路畸形路口，可在中央设置实体或虚拟环岛，引导进出车辆在环岛集散，减少交通冲突点，简化交通组织方式。

4. 渠化引导

按照“渠化明晰畸形路口通行流线”思路，对“Y形”畸形路口，通过设置实体渠化岛，施划渠化标线，明确机动车行驶流线，引导车辆快速通过畸形路口。

5. 禁限调控

按照“限制某一方向车流简化畸形路口交通组织”思路，对多路畸形路口，按照优先保障主要道路通行原则，对其他道路采取单向通行、禁止直行、禁止左转等禁限措施，简化畸形路口交通总体流向。

6. 消除路口

按照“通过物理隔离取消复杂畸形路口”思路，对严重错位、多路错位的畸形路口，视情在主要道路中央设置隔离护栏、修建绿化带，取消畸形路口，将其他道路作为支路接入主要道路，引导机动车流汇入主要道路通行集散。

7. 慢行保障

按照“优先保障慢行交通”思路，考虑到畸形路口大多处于旧城区，以及通常行人、非机动车出行需求大的实际，完善行人、非机动车过街设施，有条件的可设置天桥、地下通道等立体过街设施，分离保障慢行交通安全通行。

七、环岛交通组织

环岛即环形路口。环形路口具有交通冲突少、景观优美、便于管理等优点，因此在城市发展早期、车辆较少的情况下，在城市建设中利用率较高。但环岛的自我调节能力、通行能力有限，进出环岛车辆集散交织，随着城市机动化进程的发展，机动车保有量快速增长，环岛交通拥堵问题日益突出。应当按照“信号控制、流线引导、改造优化”原则，对环形路口进行交通组织优化，减少交通交织，提高通行能力。

1. 入岛控制

按照“避免多路交通直接汇入环岛”思路，根据环岛空间资源配置时间资源，在进入环岛的各路口设置入环岛信号灯，对进入环岛的车辆进行流量控制，引导车流依次有序进入，避免多方向车流严重交织。

2. 岛内控制

按照“岛内分离入岛出岛车流”思路，在环岛内科学施划交通流线，设置停止线和出环岛信号灯，与入环岛信号灯协调联动，分离出环岛和入环岛车流，引导不同流向车流在环岛集散，减少岛内交通交织。

3. 周边管控

按照“严防违法停车干扰环岛交通”思路，取消环岛周边路侧停车位，取消环岛周边公交站点，将有限的道路空间资源用于组织通行。严管环岛周边停车秩序，严查违法停车和临时停车，避免占用环岛空间资源。

4. 路口改造

按照“撤销环岛恢复正常路口”思路，对交通流量大、常态交通拥堵、具备改造条件的环岛路口，视情拆除环岛，恢复为十字路口，利用环岛空间，科学组织路口渠化和优化，提高通行效率。

5. 立交改造

按照“环岛路口立交化改造”思路，对涉及主干路、交通流量巨大的环岛路口，可对主干路进行立交化改造，通过上跨下穿方式通过环岛路口，并对地面环岛交通组织重新优化，提升环岛通行能力。

第十一章

城市道路静态交通治理

停车是机动车使用的“起点”和“归宿”。机动车真正在路上行驶的时间是有限的，更多的时间处于静止状态。从一定意义上讲，停车问题比行车问题更加重要。城市停车既是关系民生的关键小事，也是事关经济社会发展的大事。

近年来，随着城市经济社会快速发展，机动车保有量迅猛增长，城市停车供需矛盾日趋突出，“停车难”“停车乱”“乱停车”问题愈发严重，一些城市陷入了“停车难引发停车乱、乱停车导致难停车”的恶性循环，暴露出停车治理方面存在的法规标准待完善、停车产业发展慢、停车供需缺口大、车位构成不合理、资源利用不精细、管理机制不健全、停车治理不严格等亟须解决的难题。

新加坡学者保罗·巴特（Paul Barter）归纳国际停车管理经验，提出了“适应性停车（Adaptive Parking）”概念，并提出停车管理改革的5个行动原则：（1）共享（Share），鼓励不同用地停车设施的共享和开放；（2）收费（Price），利用停车收费减少驾车和停车需求；（3）受益（Sweeten），使利益相关人受益，以推动停车政策改革的实施；（4）解除管制（Relax），政府放宽对停车供给数量的限制，降低或取消最低停车位供给标准；（5）选择（Choice），除小汽车外，为出行者提供更多可供选择的出行方式。[1] 我们可以积极借鉴这些经验。为加强静态交通治理，改善城市道路交通环境，缓解城市停车矛盾，提升绿色出行品质，促进城市高质量发展，应当按照“加大停车供给、盘活现有资源、调控停车需求、深化科技应用”的思路，打造共建共治共享的停车管理工作格局，提升城市静态交通治理的现代化水平。

[1] 参见微信公众号“世纪交通网”，2019年1月8日，《国外城市如何进行可持续的城市停车管理?》。

一、增加停车供给

解决停车供需缺口问题，必须适当加大停车供给，但也必须实施“供给紧缩”策略❶。增加停车供给，必须走市场化道路。应当按照“建筑配建停车为主，路外公共停车为辅，道路路内停车为补充”原则，制定适应当地经济社会发展水平的停车规划、建设、产业、收费等政策，增加停车供给，确保满足市民基本的停车需求。

1. 推进停车产业

按照“停车供给产业化社会化市场化”思路，制定推进停车产业化发展的政策，简化投资建设、运营管理程序，吸引社会资本投资城市停车行业。不断创新停车设施投融资机制，推广政府和社会资本合作（PPP）模式，引入私营企业特许经营（BOT）模式，大力推动建设公共停车设施，探索构建公共停车设施投资、建设、运营、管理一体化模式，最终实现政府、社会、车主三方共赢。

2. 制定停车规划

按照“停车治理规划先行”思路，根据城市总体规划和城市综合交通体系规划，编制停车设施专项规划，明确停车管理政策导向和目标，根据不同区位、公交可达性、开发强度、街区尺度确定停车基础设施布局和规模，确保停车规划与城市总体规划相协调、与综合交通规划相统一，以基本停车供给满足城市机动化发展需求。❷

3. 保障配建车位

按照“以建筑配建停车为主”思路，根据城市经济社会发展水平，结合城市综合交通规划，因地制宜制定新建、改建、扩建城市建设项目停车设施配建地方标准，合理确定停车设施配建指标，并跟进检查验收，确保“应建尽建”“应用尽用”、建设到位，确保最低配建标准，保障满足公众基本停车位需求。

---

❶ 英国伦敦早在20世纪70年代早期，就开始设定办公等非居住项目的最大停车位标准，限制停车需求。但在20世纪80年代中期，由于交通设施市场化和解除管制（Deregulation）的影响，大伦敦郊区和中心区的最高停车位限制相继被取消。20世纪90年代末，随着英国政府乃至欧盟地区对可持续发展的关注，英国在2001年制定了国家层面的《规划政策导引13：交通》（Planning Policy Guidance 13：Transport），明确将“停车管理”列为实现可持续交通的10项策略之一，并规定：（1）城市政府应设定开发项目可以提供的停车位数量的上限；（2）最大停车位标准的设定应作为促进可持续交通、减少土地资源浪费的综合政策体系的一部分，并使开发设计适应城市中心地区的场地特征，促进多目的出行，提高非小汽车使用者的可达性和减少交通拥堵；（3）除残疾人车位外，禁止设定最低停车位标准。参见微信公众号“世纪交通网”，2019年1月8日，《国外城市如何进行可持续的城市停车管理?》。

❷ 近年来，片区管理（Area Management）概念受到关注。城市中特定区域，如中心区、CBD核心区等交通密集地区，控制停车供给总量，或在中心区外围建立集中停车设施，以“停车+步行”和“P+R”模式，将停车位布点转移，控制进入中心区车流。传统基于地块的停车布局方式（停车设施位于场地内的地面或地下），使得驾车者享有最高的优先权和最短的“最后一公里”（离开交通工具到达目的地）步行距离。可以在城市中心地区（尤其是公交发达地区），结合公交站点布局集中停车设施，在步行可达的区域内，相应的减少地块内停车供给（甚至不提供），从片区整体考虑停车需求，并降低驾车优先权，从而实现“步行-公交”友好社区环境。参见微信公众号“世纪交通网”，2019年1月8日，《国外城市如何进行可持续的城市停车管理?》。

4. 增加公共车位

按照“路外公共停车为辅”思路，加大公共停车设施用地、资金、政策支持保障力度，充分挖掘利用地上地下空间，积极推动停车楼、地下停车场、机械式立体停车库等集约化的停车设施建设，满足基本停车需求，避免过量提供公共停车位，以免造成城市过度机动化。

5. 控制路内停车

“道路是用来通行的，不是用来停车的”，按照“路内停车为补充”思路，必须还路于行，优先保障道路的通行功能，在不影响步行和自行车日常出行的前提下，科学控制路内停车位总量，逐年缩减、合理清退，并改进路内车位设置形式，减少对非机动车顺畅通行的干扰，消除路内停车位导致的道路通行瓶颈。

6. 拓建临时车位

按照“充分利用空闲空间时间设置临时车位”思路，鼓励引导在城市待建土地、空闲厂区、边角空地等闲置场所，“见缝插针”“精打细算”设置临时停车设施，并可结合实际在居住区周边道路设置夜间临时停车位，通过多元化措施扩大临时停车设施供给，推动解决老旧小区等停车资源紧缺区域的停车难问题。

二、盘活现有资源

为解决停车资源短缺问题，在增加停车供给的同时，还应当开源节流，根据“基本车位”和“出行车位”不同的需求规律，最大限度挖掘现有停车资源潜力，通过既有车位重新分配、排列组合、时空转换，推动“基本车位”和“出行车位”共享融合，实现停车资源无增长改善。

1. 空置资源开放

按照“社会公益单位闲置停车资源向社会开放”思路，推动机关、事业单位、国有企业等社会公益单位，在具备安全管理条件的情况下，将内部停车场向社会开放，引导附近居民在节假日、夜间将私人小汽车停进“大院”。

2. 车位有偿共享

按照“商业个人闲置停车资源有偿共享使用”思路，引导鼓励商业配建停车场、居民小区停车位、私人停车设施的拥有者，通过“共享车位 App”，在闲置期间对外开放车位，时空置换、错时共享、有偿使用，提高空闲车位利用率。

3. 保障临时停车

按照“保障必要必需急需临时停车”思路，针对残疾人车辆、出租汽车、城市物流车辆、公厕周边等特殊停车需求，规范设置专属临时停车位，限时停车、即停即走，超时处罚、长时清拖，保障基本民生需求。

4. 加快车位周转

按照“路内车位主要保障出行停车”思路，根据道路功能、交通流量等情况，实行路内停车位限时管理❶，根据不同区域、不同路段实行不同的限时停车策略，严格控制停车位使用时段、时长，有条件、低限度满足出行停车需求，提高车位使用周转率。

三、停车需求调控

解决停车缺口问题，既要增加停车供给，也要调控停车需求。应当通过停车需求管理，抑制出行停车需求，推动从源头减少机动车使用频率，减少城市道路上的机动车数量，“以静制动”缓解城市交通拥堵。

1. 差异停车收费

按照“停车付费、差别收费”思路，发挥市场价格杠杆作用，实行“路内高于路外、地面高于立体、地上高于地下、交通繁忙区段高于外围区段、交通拥堵时段高于空闲时段”的差异化收费标准，实施分区域、分路段、分时段、分车型停车收费，通过经济调节抑制重点区域、重点时段的“出行停车”需求。

2. 减少停车供给

按照“保障基本车位、抑制出行车位”思路，根据道路功能、交通流量等情况，反其道而行之，“故意减少”“减量供应”交通出行集中和停车需求旺盛重点区域、重点时段的停车位，引导公众采用绿色出行方式，减轻重点地区、重点时段的“向心交通”压力和停车压力。

3. 停止供给车位

按照“无法满足停车高峰需求即取消停车供给”思路，针对大型活动期间、节假日景区等重点时段、重点区域，停车需求急剧增长、停车供给严重不足的矛盾，在一定时段、一定区域停止所有停车设施使用，实行停车位“零供给”，“强迫”公众选择“公共交通＋慢行交通”方式抵达。

应当注意的是，差异化、停车收费、减少车位供给和停止供给车位需要完善的公共交通系统配套保障，如果没有公共交通“替代产品”，则会因交通供给“短缺”而引起城市交通运行紊乱。

4. 鼓励停车换乘

按照“远端停车、公共交通接驳”思路，在城市中心区外围公交枢纽、轨道交通站点规划建设公益性停车设施，优化停车换乘系统（P＋R）设计，为停车换乘提供优惠收费，引导机动车驾乘人员换乘公共交通进入城市中心区，减轻自驾“向心交通”压力。

---

❶ 香港路边泊车位只用来满足短暂的临时停车需求。全香港仅有1.8万个路边咪表停车位，全部使用八达通刷卡付费。香港的咪表停车位是有时间限制的：黄色咪表为半小时，咖啡色1小时，蓝色2小时。假如一位车主要停车6小时，他不能一次性支付6小时的费用，至少需要分3次去刷卡付费。所有不付费、超时泊车等违例泊车行为都会显示在咪表上，一旦被巡逻的警察发现，就会开出罚单，每张罚单320元港币。过段时间，警察再来巡查，如果发现车辆还在超时停车，就会再开一张罚单。参见《缓解“停车难”可借香港经验》，《解放日报》2012年1月12日。

四、推进智慧停车

提升停车治理能力，离不开科技信息化应用。应当坚持科技信息主导，推动停车信息集成应用，推进“互联网+停车”建设，构建现代化、智慧化的停车管理、引导系统，提高停车资源精细化利用水平。

1. 汇集基础信息

按照“统一采集管理停车位及停车信息”思路，建设城市停车基础信息数据库，及时采集、汇总城市停车场建设、管理、布局、泊位使用、收费标准等数据，对外开放共享发布应用，为推动“互联网+停车”打好基础。完善停车设施前端信息采集设备建设，及时精准传输停车泊位使用、停放车辆特征等信息，实时发布车位使用情况信息，为“互联网+停车”应用提供支撑。

2. 精准停车引导

按照“车位网上预约精准引导停车”思路，推进城市停车管理与移动互联网融合发展，应用物联网、人工智能、车路协同等新技术，推出智慧停车App，做到停车信息网上查询、车位网上预订、精准导航引导，切实减少车辆寻找车位导致的无效绕行。

3. 无感在线支付

按照“通过科技手段快速支付停车费”思路，通过扫码付费、在线付费、感应付费等方式，提高车辆进出停车场速度，减少车辆排队缴费。建设路侧车位电子收费系统，变“人工收费”为“电子收费”，实现停车自动记录、自动计费、自动支付、自动入库，通过科技手段根除停车乱收费问题。

五、加强停车治理

维护良好停车秩序，离不开严格的停车管理和执法。良好的停车治理，离不开科学的工作机制。应当创新停车治理工作机制，推动社会共建共治，共同维护良好的城市静态交通秩序。

1. 完善工作机制

按照“政府主导、部门联动”思路，建立健全政府牵头的停车管理协调机制，明确停车管理牵头部门，细化住建部、交通运输部、国家发改委、公安部等部门的职责任务，形成部门协调联动的停车治理格局。

2. 推动地方立法

按照“运用法治方式治理停车难题”思路，针对本地城市停车治理中存在的突出问题，结合实际制定、修订、完善停车治理的地方性法规、规章、标准，通过法治思维、法治手段破解停车治理难题。

3. 清理非法占道

按照“道路资源是公共资源、停车付费是基本要求”思路，联合治理在公共空间和道路私装地锁、私设车位等“私自圈地”行为，清理长期占用道路资源停放的“僵尸车”，释放道路停车资源，恢复道路通行功能，改善道路通行环境。

4. 严查违法停车

按照“停车入位、停车付费、违停受罚”思路，加快推进违法停车自动抓拍系统建设，对重点区域、重点路段全天候管控。科学设置停车严管区、严管时段，加大巡逻力度，严查整治违法停车行为，特别是及时查处占用消防通道、非机动车道、人行道的违法停车。建立社会化“违停清拖”机制，对重点区域、重点道路、重点时段的违法停车坚决拖移。

第十二章

城市道路交通秩序治理

交通秩序是城市道路交通运行的基础。城市道路交通秩序好坏，直接反映城市道路交通治理能力水平的高低。近年来，一些“非标”“非法”交通工具不断涌入，交通新业态、新行业不断涌现，给城市道路交通秩序带来了严重冲击，一些城市因乱致堵、因乱致祸的问题非常突出。为维护良好城市道路交通秩序，需要坚持问题导向，紧盯易致乱、致堵、致祸的重点车辆、重点违法行为，创新治理、标本兼治、综合施策、严格管理，努力打造安全、有序的城市道路交通环境。

一、电动自行车治理

近年来，电动自行车以其经济、轻便、省力等优势，在城市迅速普及，逐渐成为公众中短途出行的重要交通工具。但一些电动自行车生产销售企业为占领市场、迎合消费者，生产销售的电动自行车越来越大、越来越重、越来越快，速度、体积、重量和动力性能等远超标准，给道路通行秩序和道路交通安全带来严重危害，引发大量道路交通事故。2018 年，国家制修订了电动自行车新强制性国家标准《电动自行车安全技术规范》(GB 17761—2018)(以下简称“新国标”)，对电动自行车外形尺寸等参数进行了强制规范。加强电动自行车治理，应当以超标电动自行车为重点，以通行秩序为着力点，强化电动自行车生产、销售、使用全链条监管，确保“非标”车辆不出厂、不销售、不登记、不使用，维护良好的电动自行车交通秩序。

1. 严格生产管理

按照“把住电动自行车生产关”思路，加强电动自行车强制性产品认证（CCC 认证）管理，确保产品一致性，避免不符合新国标的车辆获得 CCC 认证并流入市场。严查严处生产企业无证生产、超出强制性产品认证范围生产、不按新国标生产、不按 CCC 证书生产、非法改装电动自行车等行为，切实把住超标电动自行车生产的“第一道关口”。

2. 严格销售监管

按照“把住电动自行车流通关”思路，加强对电动自行车销售环节的监督检查，特别是要加强对电商平台的监管，严查违法销售不符合新国标、未获得 CCC 认证的电动自行车的行为，以及非法改装、拼装、篡改电动自行车的行为，盯紧超标电动自行车流入市场的

“第二道关口”。

3. 严格登记管理

按照“把住电动自行车登记关”思路，实行电动自行车登记管理制度，上牌前认真查验电动自行车外形尺寸、整车质量以及CCC认证证书等信息，严禁为超标电动自行车登记上牌，守好超标电动自行车上路的“第三道关口”。

4. 严格通行管控

按照“把住电动自行车使用关”思路，加强电动自行车交通秩序常态治理，通过“警示教育+体验执勤+处罚处理”等方式，严查电动自行车违法上路行驶、闯红灯、逆向行驶、占用机动车道等违法行为，确保电动自行车良好的通行秩序。加强快递、外卖等新业态行业电动自行车管理，防止使用超标电动自行车配送。

5. 妥处超标车辆

按照“稳妥有序消化超标电动自行车存量”思路，对在新国标实施前购置的超标电动自行车，设置过合理渡期，发放临时号牌，限期使用，逐步有序淘汰。有条件的城市可以出台补贴淘汰政策，会同电动自行车生产、销售企业，通过以旧换新、折价回购、发放报废补贴等方式，加快淘汰在用超标电动自行车。

6. 多部门联合监管

按照“部门联合治理电动自行车”思路，由工信部、公安部等部门联合建立健全电动自行车联合监管工作机制，通过“双随机一公开”等监管方式，对电动自行车开展质量监督抽查，相互通报发现的违规生产、销售企业信息，联合执法查处违法生产、销售行为。对在电动自行车新国标实施后生产、销售的超标电动自行车，一律责令生产、销售企业原价回购，并严查非法生产、销售超标电动自行车产品行为。

7. 强化宣传引导

按照“社会联动共治超标电动自行车”思路，广泛宣传生产、销售、使用超标电动自行车的危害，并将生产、销售超标电动自行车的企业纳入失信记录，警示生产、销售企业不生产、不销售超标电动自行车，引导群众不购买、不使用超标电动自行车。对因购买、使用超标电动自行车发生交通事故的消费者，引导当事人对生产、销售企业提起民事诉讼，通过司法途径维护自身合法权益，倒逼生产、销售企业落实交通安全和产品质量主体责任。

二、低速电动车治理

低速电动车，俗称“老头乐”或“老年代步车”，其实质是非法生产的机动车。近年来，一些企业受地方保护，打着“新能源”“绿色出行”的旗号，突破国家现有道路机动车辆生产企业和产品准入管理制度，在未取得许可的情况下，违规生产“老年代步车”等机动车产品并在市场销售。低速电动车的危害不言而喻，车辆安全性能差、车辆无法购置保险、驾驶人基本无驾驶证、占用机动车道行驶，既挤占了城市道路资源、扰乱了通行秩序，

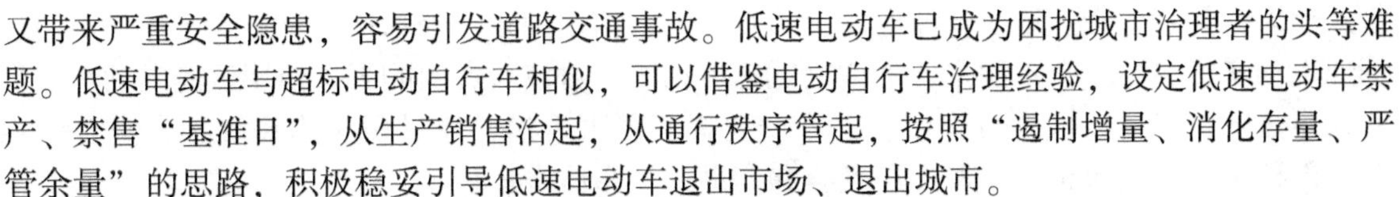

又带来严重安全隐患，容易引发道路交通事故。低速电动车已成为困扰城市治理者的头等难题。低速电动车与超标电动自行车相似，可以借鉴电动自行车治理经验，设定低速电动车禁产、禁售“基准日”，从生产销售治起，从通行秩序管起，按照“遏制增量、消化存量、严管余量”的思路，积极稳妥引导低速电动车退出市场、退出城市。

1. 引导产业转型

按照“把住低速电动车生产关”思路，实行低速电动车“禁产”，按照“升级一批、规范一批、淘汰一批”的思路，引导低速电动车产业升级转型。能够达到生产纯电动乘用车要求的企业，升级为常规纯电动乘用车生产企业；依法坚决取缔达不到生产纯电动乘用车要求的低速电动车生产企业，控制低速电动车生产环节。

2. 严查非法销售

按照“把住低速电动车流通关”思路，实行低速电动车“禁售”，加强对低速电动车销售环节的监督检查，特别是要加强网上电商平台的监管，严查违法销售低速电动车的行为，切断低速电动车流通渠道。

3. 妥处在用车辆

按照“有序稳妥处置在用低速电动车”思路，设定禁产、禁售“基准日”，对“基准日”前购置的低速电动车，设置合理过渡期，发放临时号牌，限期使用，逐步淘汰，使其退出市场。有条件的城市可以出台补贴淘汰政策，通过折价回购、发放报废补贴等方式，加快淘汰低速电动车。对在禁产、禁售“基准日”后购置的低速电动车，一律责令生产、销售企业原价回购，并严查非法生产、销售机动车产品的行为。

4. 治理非法营运

按照“疏堵结合治理非法营运”思路，依法清理取缔低速电动车非法营运行为，并通过政府社会保障救助，积极解决非法营运人员的基本生活和再就业问题。不断加大公共交通投入，调整优化公交运营线路、站点和时间，并适度增加共享单车、公租自行车等辅助出行交通工具，满足群众的交通出行需求，最大限度挤压低速电动车非法营运生存空间。

5. 严格通行管控

按照“把住低速电动车使用关”思路，在低速电动车过渡期内，结合实际制定低速电动车通行政策，合理设置限行区域、道路、时段，逐步挤压低速电动车通行空间、时段。加强低速电动车交通秩序常态化治理，通过“警示教育 + 体验执勤 + 处罚处理”等方式，严查低速电动车闯红灯、逆向行驶等违法行为。

6. 联合闭合监管

按照“部门联动治理低速电动车”思路，市场监管、工信、公安等部门建立低速电动车联合监管工作机制，发现违规生产、销售低速电动车的企业，必须联合执法、一查到底、严惩严处，从源头坚决遏制住违法生产、销售行为。

7. 强化宣传引导

按照“社会联动共治低速电动车”思路，广泛宣传生产、销售、使用低速电动车的危害及后果，并将生产、销售低速电动车的企业纳入信用记录，警示相关企业不生产、不销售低速电动车，引导群众不购买、不使用低速电动车。对消费者因购买、使用低速电动车发生交通事故的，引导当事人对生产、销售企业提起民事诉讼，通过司法途径维护自身合法权益，倒逼生产、销售企业落实交通安全和产品质量主体责任。

三、工程运输车治理

工程运输车俗称“泥头车”，是城市建设运输的“主力军”，也是破坏城市秩序野蛮驾驶的“重灾区”。个体驾驶员挂靠工程运输车运输企业现象普遍，企业在驾驶员聘用、安全教育、车辆维护、后台监管等方面管理不力；工程运输车驾驶员普遍安全意识淡薄，使用假牌套牌、改装车上路行驶，超载运输、闯禁行、闯红灯等交通违法行为频繁，一直是城市道路交通治理的痛点和难点。治理工程运输车，需要抓住“运输企业”和“建筑工地”两个重点，紧盯通行秩序着力点，构建联合监管体系，狠抓主体责任落实，严格运输过程控制，让工程运输车维持良好的通行秩序。

1. 部门联合监管

按照“部门联动治理工程运输车”思路，建立工程运输车联合监管部门协调机构，研究制定工程运输车管理政策，及时协调沟通工程运输车治理问题，定期联合开展执法检查，形成部门监管合力，实现对工程运输车准入、装载、运输、卸载全链条、无缝隙管控。

2. 严格源头把关

按照“严格工程运输车准入关”思路，严格工程运输车通行许可审核，必须实地见车、见人，确保车辆合格、人员合规、信息真实。对未取得运输资质的车和人，不得发放通行许可，规范工程运输行业良性发展。

3. 行业自治自律

按照“行业组织自管自治工程运输车”思路，推动成立工程运输行业协会，建立与政府沟通的桥梁纽带，发挥行业自治自律功能，制定行业规范标准，推动工程运输企业提升管理水平；加强工程运输车驾驶员的行从业管理，将多次违法的驾驶员列入行业“黑名单”，实行全行业禁入。

4. 实时在线监控

按照“信息技术治理工程运输车”思路，建立工程运输车监管信息平台，推动部门信息共享，通过卫星定位系统实时掌握工程运输车运行状态和行驶线路，并将驾驶员与车辆绑定，准确识别定位交通违法驾驶员，实现精准治理。

5. 源头规范装载

按照“治理工程运输车装载源头”思路，推动施工工地严格落实“出入车辆100%冲洗”“渣土车辆100%密闭运输”等“六个百分百”要求，确保工程运输车密闭运输，严防

超载、遗洒。❶

6. 严查严重违法

按照“强化工程运输车通行秩序管控”思路，加强工程运输车运输全过程监控，严查超速行驶、闯禁行、闯红灯等“野蛮驾驶”行为。严格落实工程运输车超载违法驾驶员、运输企业、建筑工地“一超三罚”制度，坚决遏制超载违法。对严重违法的驾驶员，通报行业协会，列入“黑名单”。

7. 落实主体责任

按照“工程运输车企业履行主体责任”思路，推动工程运输企业落实安全生产主体责任，严格驾驶员日常教育管理监督，加强工程运输车日常保养维护检查，确保工程运输车及驾驶员“检验率”100%、“审验率”100%，严防工程运输车“带病”运营。

8. 严格倒查追责

按照“严格倒查工程运输车事故责任”思路，对涉及工程运输车的死亡交通事故，一律进行深度调查，严格倒查运输企业、建筑工地主体责任落实情况，严格倒查运输准入、车辆检验、考试发证等环节监管情况，依法严格追究相关责任人责任，推动各方重视交通安全，切实履职尽责。

9. 深化警示教育

按照“社会联动共治工程运输车”思路，通过微信公众号、手机 App 等平台，开设交通安全“微课堂”，定期向运输企业负责人、安全负责人和驾驶员推送事故警示，开展交通安全教育培训，提升相关人员的交通安全意识。

四、共享单车治理

互联网租赁自行车，俗称“共享单车”，是移动互联网和租赁自行车融合发展的新型服务模式，是共享经济的典型业态。近年来，共享单车快速发展，在满足公众中短途出行需求、解决出行“最后一公里”问题、构建绿色出行体系等方面发挥了积极作用，但同时也存在车辆无序投放、车辆乱停乱放、车辆缺乏维护、企业主体责任不落实、用户资金和信息安全存在风险等问题。对共享单车等新事物，既要鼓励，又要规范。治理共享单车，需要政府主管部门按照“包容审慎监管”原则，坚持多方共治，积极构建政府与企业合作新模式，共同促进行业健康有序发展。

1. 科学有序投放

按照“控制共享单车总量”思路，根据城市特点、公众出行需求和共享单车发展定位，建立与城市空间承载能力、停放设施资源、公众出行需求相适应的共享单车投放机制，引导

❶ 施工扬尘控制“六个百分百”是指：（1）施工工地周边100%围挡；（2）物料堆放100%覆盖；（3）土方开挖100%湿法作业；（4）施工现场地面100%硬化；（5）出入车辆100%冲洗；（6）渣土车辆100%密闭运输。

共享单车企业合理有序投放车辆，避免无序、无限投放，挤占公共道路资源。为保障消防、交通安全，不应当发展共享电动自行车。

2. 保障停车点位

按照“规范共享单车停放”思路，结合实际制定自行车停放区设置技术导则，规范共享单车停车点位设置。对不适宜停放的区域和路段，制定负面清单实行禁停管理。在商业区域、公交站点、交通枢纽、居住区、旅游景区等场所，应当施划配套的共享单车停车点位，引导公众绿色出行。

3. 规范行业标准

按照“规范共享单车标准”思路，引导共享单车相关社会组织、产业联盟，制定共享单车团体标准，鼓励共享单车企业制定更高水平的产品质量、运营管理、售后服务等企业标准，保障共享单车产品和服务的质量。

4. 加强线下运维

按照“线上线下协调联动”思路，推动共享单车运营企业加强线上线下服务能力建设，合理配备线下服务团队，加强车辆调度、停放和维护管理，及时清理违规停放、存在安全隐患、不能提供服务的车辆，并根据停车点车辆饱和情况及时调度、转运共享单车，应当“关注行人的舒适度”，并“与人行道的杂乱作斗争”，坚决防止“共享单车围城”问题。

5. 技术控制停放

按照“通过信息技术规范共享单车停放”思路，推动共享单车运营企业落实车辆停放管理责任，推广应用“电子围栏”等技术，综合采取经济惩罚、记入信用记录等措施，有效规范引导用户停车行为，防止乱停乱放共享单车。

6. 加强骑行监管

按照“监管共享单车合规使用”思路，推动共享单车运营企业加强用户骑行监管，通过技术手段限制，使用户不能违反规定载人、不能擅自加装儿童座椅等设备。此外，企业不得向未满12岁的儿童提供服务，同时应为用户购买人身意外伤害险，保障用户骑行安全。

7. 加强信用管理

按照“推动交通新业态信用体系建设”思路，推动共享单车领域信用建设，加强企业服务质量和用户信用评价，对企业和用户不文明行为和违法违规行为记入信用记录。推动共享单车企业组成信用信息共享联盟，对用户建立守信激励和失信惩戒机制，引导用户合法、文明使用共享单车。

8. 加强公益宣传

按照“社会联动共治共享单车”思路，推动共享单车运营企业通过互联网租赁自行车平台，向用户推送公益广告、进行专题宣传，加强共享单车使用规范和安全文明骑行的宣传

教育，引导用户增强诚信和文明意识，遵守交通法规和社会公德。

9. 保障资金安全

按照“防范交通新业态金融风险”思路，引导推动共享单车运营企业实行免押金租赁服务，原则上不得收取用户押金，可在服务结束后直接收取费用。共享单车运营企业实施收购、兼并、重组或者退出市场经营的，必须制定合理方案，保障用户合法权益和资金安全。

10. 保护用户信息

按照“保护交通新业态信息安全”思路，引导推动共享单车运营企业加强用户个人信息保护，并向政府部门开放互联网租赁自行车平台数据，接受政府部门监管。政府有关部门应当依法使用运营企业平台数据，不得超过监管所需范围使用数据。

对分时租赁汽车即“共享汽车”的治理，可以参照共享单车治理策略、模式和措施。

五、快递外卖交通治理

近年来，电子商务蓬勃发展，网购、网络订餐等快递、外卖即时配送“互联网+”新业态层出不穷。快递、外卖行业在便利居民生活的同时，给城市道路交通带来更大的压力和更多的挑战。快递、外卖企业忽视交通安全的问题十分突出，“快递小哥”“外卖小哥”等配送员闯红灯、逆行、超速配送等交通违法行为非常普遍，既扰乱了城市交通秩序，也时常导致交通事故。治理快递、外卖行业交通违法行为，需要政府主管部门按照“政社合作、政企共治”原则，构建政府与社会组织、政府与企业协同共治的新模式，共同促进新业态健康有序发展。

1. 政社政企协作

按照“政府行业组织企业协同共治”思路，与快递、外卖相关行业协会建立政社协同监管机制，与本地快递、外卖企业建立政企联动治理机制，构建政府部门、行业协会、公司企业“三位一体”监管机制，形成三方共治合力。

2. 行业自治自律

按照“发挥行业组织自治优势”思路，推动快递、外卖行业协会制定行业运营管理、服务质量团体标准，设置快递、外卖配送员准入条件和行为规范，引导快递、外卖行业规范、有序、健康发展。

3. 落实主体责任

按照“推动企业履行安全生产主体责任”思路，督促推动快递、外卖企业落实安全生产主体责任，加强配送员日常交通安全教育、管理、监督、提醒，使用符合标准的合法车辆进行配送，通过科技手段对配送员骑行车速、行驶轨迹进行实时监测，加强配送员交通安全管理。

4. 统一规范管理

按照“以统一标准促规范发展”思路，推动引导快递、外卖行业加强规范管理，统一车辆类型，统一车辆外观，统一喷涂编码，统一服装样式，统一佩戴头盔，并实行“一人一箱一码”管理制度，便于识别和监管。

5. 优化绩效考核

按照“以科学考核促交通安全”思路，推动快递、外卖行业优化配送考核制度标准，科学确定发单派单数量，合理规定配送时间时长，禁止配送企业按每单延迟时长处罚配送员，从源头解决配送员违反交通法规，超速行驶、闯红灯“赶时间”配送问题。

6. 建立信用机制

按照“以行业信用促规范发展”思路，推动快递、外卖行业协会健全完善行业信用制度，对快递、外卖企业及配送员进行信用管理。对安全生产主体责任落实不到位的企业进行曝光，纳入不良企业记录。对有多次严重交通违法、负有交通事故责任的配送员，列入“黑名单”，实行清退和全行业禁入。

7. 严管通行秩序

按照“以严管通行秩序确保交通安全”思路，联合快递、外卖企业共同加强配送员交通秩序治理，对于使用超标电动自行车，不佩戴头盔，骑行时接打电话、刷微信，违反规定载人载物，占用机动车道行驶，以及闯红灯、逆行、超速、乱停乱放等交通违法行为应严查严管，并通报行业协会和相关企业，纳入配送员和企业的信用记录，实施行业联动惩戒，推动“快递小哥”“外卖小哥”安全文明配送。

六、行人闯红灯治理

行人闯红灯是世界范围内的普遍现象，并不是中国独有的问题。行人闯红灯，既有行人规则意识、安全意识不强等主观原因，也有过街设施不齐全、路权分配不合理、信号配时不科学等客观原因。治理行人闯红灯，需要多管齐下、综合治理，既要完善行人过街设施、优化行人信号配时，又要加大新技术应用、加强宣传引导教育，构建安全、和谐的行人过街环境。

1. 完善过街设施

按照“建设立体步行系统、彻底分离行人和机动车”思路，在人员密集区域增设天桥、地下通道等立体过街设施，实现人车分离、立体过街。在商业密集区域，建设空中连廊或地下通道步行网络系统，实现行人在空中或地下“无缝隙步行”。

2. 优化交通组织

按照“保障行人平面过街安全顺畅”思路，完善行人二次过街设施，在道路中央设置安全岛，保障行人过街驻足等待空间。减小路口转弯半径，压缩路口机动车道宽度，通过物理手段降低车速，缩短行人过街距离，保障行人过街安全。对人流量较大路口，实行机动车右转专用信号控制，保障行人优先过街。

3. 完善交通信号

按照“信号控制满足行人过街时间”思路，规范设置人行横道信号灯，科学配置信号时间，减少行人等待时长，不能超过“行人忍耐等待时间”和“行人可接受等待时间”。对行人交通量大、机动车流量相对不大的路口，可采取“全向过街”交通控制方式，引导行人“自由过街”。

4. 治理拒不让行

按照“避免机动车干扰行人正常过街”思路，加大对机动车不让行斑马线上的行人、非机动车交通违法行为的治理力度，特别是通过“公字头”车辆示范引领带动“车让人”，并建设不按规定让行违法行为抓拍系统，创建“车让人”的良好交通环境，保障行人优先通行。

5. 志愿劝导提示

按照“社会共治行人闯红灯”思路，发动“红袖标”“红马甲”等交通志愿者，在城市道路主要路口开展交通劝导服务，引导行人自觉遵守交通法规，按照交通信号通行，不争道抢行，不闯红灯。

6. 智能提示干预

按照“通过科技手段干预行人闯红灯”思路，建设智能行人过街控制系统，通过屏幕提示、语音提醒、灯光警示等方式，引导行人遵守交通信号。通过人脸识别、曝光警示等措施，促使行人加强自治自律，自觉杜绝闯红灯。应用科技手段对行人进行提示时，应当依法依规、符合情理、对人尊重，坚决避免使用喷水、洒水、喷雾设施等具有攻击性的治理“神器”。

7. 教育处罚处理

按照“严管行人闯红灯违法”思路，对行人闯红灯交通违法，应当紧盯和处罚“带头闯红灯者”，并进行现场教育，实现“处罚一个、教育一片”的目标。对多次闯红灯的人员，可以通报所在单位，督促单位加强内部教育、管理约束。

第十三章

城市道路交通安全治理

安全是交通的终极价值。失去安全，交通就无意义。没有安全的城市交通，就不会有和谐宜居城市。我国目前还处于机动化、城镇化快速发展时期，城市是区域政治、经济、文化、信息交汇中心，出行者素质参差不齐、交通方式复杂多样、交通出行密集集中、交通环境错综复杂，城市道路交通事故占比仍然较高，城市道路交通安全形势不容乐观。相比于农村，城市财政资源保障相对充裕，交通基础建设质量相对较高，交通安全设施相对完善，具有得天独厚的道路交通安全治理条件和基础，完全有条件实现道路交通事故“零死亡”。

1997 年，瑞典议会通过“零愿景法案”（Vision Zero），提出道路交通系统的终极目标是没有人会在道路交通系统中失去生命或遭受严重伤害，并提出 3 个重要观点：（1）道路交通系统的设计者们，永远要对道路的设计、运营和使用负责，所以也要对整个系统的安全水平负责；（2）道路使用者要负责按照道路交通系统设计者们制定的规则使用道路；（3）如果道路使用者因为缺少知识、无法接受或者因能力不足而没有遵守这些规则，一旦他们在交通事故中受到伤害，道路交通系统设计者们就要采取进一步措施消除导致受到重伤或死亡的因素。[1]

2011 年起，美国先后推出 3 个国家计划专注于将交通事故死亡率降至 0，分别是“零死亡道路”（Road To Zero）、“迈向零死亡”（Towards Zero Deaths）以及“零死亡愿景”（Vision Zero）、这些国家计划均强调交通事故零死伤，倡导多学科合作提升安全水平，涉及广泛的利益相关者。尤其强调要改变国家安全文化，即“任何一个与交通相关的死亡都是不可接受的”。纽约市交通局 2014 年发布《零死亡愿景行动计划》（Vision Zero Action Plan），2016 年发布《战略计划 2016》（Strategic Plan 2016），旨在实现安全、绿色、智慧、公平的交通发展目标，并运用工程（Engineering）、教育（Education）、评估（Evaluation）、执法（Enforcement）以及紧急救援（Emergency）等策略（简称“5E”策略）综合地对纽约全市交通安全进行提升。[2]

2018 年，伦敦发布《伦敦市长交通发展战略》，提出在 2041 年之前完全消除伦敦交通网络中出现的死亡和严重伤害事故，让伦敦市民每天离开家的时候，能感觉到安全，并对出行充满信心。零愿景行动计划中列出的行动如下：（1）安全的速度；（2）安全的街道；

[1] 参见微信公众号“交通言究社”，2018 年 11 月 12 日，《零愿景时代的交通安全呼吁集体责任意识与职业精神》。

[2] 参见微信公众号“智能交通技术”，2019 年 6 月 1 日，《纽约市道路交通安全改善经验与启示》。

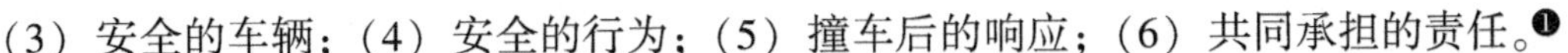

（3）安全的车辆；（4）安全的行为；（5）撞车后的响应；（6）共同承担的责任。[1]

2018 年，世界卫生组织发布了《关于道路安全的 10 个事实》，既分析了道路交通事故原因，也间接提出了道路交通事故预防对策：（1）道路交通死亡者中超过一半是“弱势道路使用者”；（2）控制车速可减少道路交通伤害；（3）酒后驾车增加车祸风险；（4）佩戴质量良好的头盔可降低道路交通事故的死亡风险；（5）系安全带可降低前后排乘客的死亡风险；（6）使用手机导致有危险的分心驾驶；（7）儿童约束装置可大大降低严重伤害和死亡风险；（8）快速应对可挽救生命并减少伤员致残；（9）全球 80% 的销售车辆不符合基本安全标准；（10）不安全的道路设计增加所有道路使用者的风险；[2]

城市政府及相关部门应当牢固树立道路交通事故可防可控理念，借鉴国外道路交通安全治理先进经验，勇于设定城市道路交通“零死亡”目标愿景，聚焦环境、路、车、人，以问题为导向，坚持预防为先、标本兼治、社会共治，坚持综合治理、系统治理、专项治理，坚持科技支撑、法治保障、宣传引导，竭尽全力消除城市道路交通安全隐患，创造更加安全的城市道路环境。

---

[1] 参见《为了健康的街道和健康的人民，伦敦提出“步行行动计划”》，2018 年 9 月 10 日，澎湃新闻，https：//www. thepaper. cn/。

[2] 世界卫生组织《关于道路安全的 10 个事实》中提到以下信息。（1）道路交通死亡者中超过一半是“弱势道路使用者”。行人、骑自行车者、两轮和三轮机动车驾驶人及乘坐者统称为“弱势道路使用者”，他们占全球道路交通死亡人数的一半。低收入国家的弱势道路使用者死亡比例高于高收入国家。（2）控制车速可减少道路交通伤害。随着平均车速的增加，发生道路交通事故的可能性也随之增加，而且事故后果的严重程度也会随之增加。平均速度每提高 1%，致命的碰撞风险就会增加 4%。车速从 50 公里/小时提高到 65 公里/小时，被车撞击的行人死亡风险会提高 4 倍。（3）酒后驾车增加车祸风险。当血液酒精浓度高于 50 毫克/100 毫升时，发生道路交通事故的风险就会大幅上升。世卫组织建议将血液酒精浓度标准限定为低于或等于 50 毫克/100 毫升，并建议年轻和新手驾驶人员限定标准为低于或等于 20 毫克/100 毫升。仅 45 个国家拥有符合最佳做法的全国酒后驾驶相关法律。（4）佩戴质量良好的头盔可降低道路交通事故的死亡风险。佩戴质量良好的头盔可使事故死亡率降低 42%，重度伤害降低约 70%。仅 44 个国家（占世界人口 17%）拥有符合最佳做法的摩托车头盔相关法律。这些法律适用于所有驾驶人和乘坐者以及所有道路和发动机类型，要求束紧头盔，且提供具体的头盔标准。（5）系安全带可降低前后排乘客的死亡风险。系上安全带可使驾驶人和前座乘员的死亡和伤害风险降低 45% ~ 50%，后座乘员死亡和伤害风险降低 25% ~75%。全球 105 个国家（占世界人口的 71%）拥有符合最佳做法的前后排乘员佩戴安全带相关法律。（6）使用手机导致有危险的分心驾驶。驾驶时使用手机（无论是手持还是使用免提）会使碰撞风险增加 4 倍，而发短信造成的碰撞风险则增加大约 23 倍。驾驶时使用手机使驾驶人反应时间变慢 50%。（7）儿童约束装置可大大降低严重伤害和死亡风险。使用儿童约束装置可将儿童死亡风险降低至少 60%，尤其是针对 4 岁以下儿童。对于 8 ~12 岁的儿童，与仅佩戴安全带相比，使用儿童约束装置可将受伤风险降低 19%。符合最佳实践的法律对坐在前座的儿童作出严格规定，并要求儿童约束装置需符合儿童年龄、身高和体重。（8）快速应对可挽救生命并减少伤员致残。在现场及时救护、迅速送往医院进行紧急和外科护理并尽早获得康复服务，能够挽救许多生命。旁观者也可以通过激活紧急护理系统并在专业人员到来之前实施简单的急救措施来帮助挽救生命。（9）全球 80% 的销售车辆不符合基本安全标准。车辆的安全性对于避免事故和事故发生时减少重伤起着关键作用。联合国世界车辆法规协调论坛建议 7 项车辆安全标准，其中包括电子稳定性控制系统、正面和侧面碰撞保护以及行人正面保护等。目前仅 40 个国家采纳了全部规定，主要是高收入国家。（10）不安全的道路设计增加所有道路使用者的风险。在道路设计中，应考虑到所有道路使用者的安全，确保行人、骑自行车者和摩托车手的道路设施合理性。诸如人行道、自行车道、安全岛和其他交通安全保证措施等，对于降低这些道路使用者的伤害风险至关重要。参见世界卫生组织官方网站，https：//www. who. int/zh/news-room/facts-in-pictures/detail/road-safety。

一、消除环境安全隐患

交通环境是作用于道路交通参与者的外界影响力，直接影响道路交通安全。交通环境主要包括地形地貌、外界干扰、气象条件、道路状况。消除环境安全隐患，就是通过工程、技术、管控、引导等措施，减少环境变化对安全驾驶的影响，保障驾驶人安全驾驶。

1. 消除视线盲区

排查城市道路交叉路口、路段接入口、车辆掉头点等交通冲突重点部位视线盲区隐患，对遮挡视线的路侧建筑、交通设施、树木绿化，通过拆除、移位、修剪等措施，消除视觉“死角”和“盲点”，确保驾驶人“看得见”“看得透”“看得远”，避免因“看不见”引发交通事故。

2. 治理光电干扰

排查城市道路周边楼宇光源照射隐患，对照明射灯、电子广告牌、玻璃幕墙等主动或被动光源进行治理，防止光源照射影响驾驶人安全驾驶。加强道路监控执法设备补充光源管理，避免“刺盲”驾驶人。在城市交通复杂路段，增设完善照明设施，确保夜间道路交通状况“一目了然”。

3. 应对恶劣天气

遇有雨、雪、雾霾等恶劣天气，视情启动市政照明设施，引导驾驶人开启车灯，提高道路能见度。改善降雪道路通行条件，通过铲雪除冰机械设备，边除雪、边融雪、边通行。加强恶劣天气情况下的道路行车速度管理，通过限速提示、压缩车道、警车压速等措施，限速控距，防止多车相撞事故。

4. 施工路段管控

施工路段规范设置“过渡区、缓冲区、警告区、作业区、过渡区、终止区”，提前警示提醒驾驶人注意施工路段。连续设置提示牌、警示牌、警示灯，夜间设置照明设施，提高施工路段能见度。连续摆放锥桶、防撞桶、隔离栏等警示隔离设施，提高施工路段安全防护能力。专门安排交通疏导人员，警示引导车辆，提示驾驶人安全驾驶。

5. 占道经营清理

坚持综合治理，通过部门协调联动，采取人防、物防、技防措施，治理取缔路边市场、街道夜市、占道摆摊等“自由市场”，消除人车混行安全隐患。坚持疏堵结合、标本兼治，根据城市居民购物需求，设置专门的便民市场、便民早市，避免取缔路边市场后给城市居民生活带来不便。

二、完善道路安全设施

道路交通安全设施对保障行车安全、消除潜在隐患、减轻事故伤害具有重要作用。人人都会犯错，驾驶人也不例外。“如果我们不能始终在危险时保护驾驶人，我们就必须向其提供足够的信息，使其能自己保护自己。”[1] 这就需要树立道路“容错”理念，在优化道路交通设计的同时，不断完善道路交通安全设施，打造安全放心的道路，让道路尽量包容驾驶人的无心之失。完善道路交通安全设施，就是规范地设置交通信号灯、交通标志、路面标线、隔离护栏等设施，引导驾驶人安全驾驶并为其提供防护。

1. 完善交通信号

规范设置交通信号灯、安装交通标志、施划交通标线，确保样式规范、美观，外观清晰、可见，内容简洁、易懂，设置连续、协调，确保所有交通参与者“看得见”“看得清”“看得懂”，避免“信息过载”或“认知失调”。路口交通信号设置高度、数量、角度要科学，确保“360 度无死角”，避免出现交通参与者“看不见”问题。

2. 完善隔离设施

规范设置中央分隔带护栏、路侧隔离护栏，分离不同交通流，避免冲突。根据道路等级选用不同高度、强度的隔离护栏，兼顾分隔和防撞功能，确保护栏起作用。要注意护栏式样结构，防止护栏设计不科学导致护栏卡人、栏杆插入车体，对事故车辆、人员造成二次伤害。中央隔离护栏要有防眩设施，避免夜间车灯干扰对向车道驾驶人安全驾驶。

3. 优化道路接入

减少主干路、次干路沿线道路开口，特别是消除绿化带遮挡的“隐蔽开口”，减少交通合流、分流和汇入、汇出冲突。道路接入口必须设置警示、提示、让行标志，应当渠化接入主干路的车道。道路连接城市快速路时，必须设置加速、减速车道，确保车辆平稳汇入、驶出快速路。

4. 交通稳静处理

在城市支路、街坊路等生活性道路实施交通稳静化措施，通过压缩机动车道宽度、设置道路线型曲折化、缩小转弯半径、设置路拱减速带、设置小型环岛、人行道抬升等措施，减少穿越性交通和降低通行车速，保障居民出行及活动安全。[2]

---

[1] 参见微信公众号“交通言究社”，2017 年 9 月 13 日，《预防道路交通事故有个关键概念被忽视了很多年》。

[2] 1997 年交通工程学院（Institute of Transportation Engineering，ITE）在佛罗里达的会议上，对交通稳静化（Traffic Calming）给出定义：即通过系统的硬设施（如物理措施等）及软设施（如政策、立法、技术标准等）降低机动车对居民生活质量及环境的负效应，改变鲁莽驾驶为人性化驾驶行为，改变行人及非机动车环境，以期达到交通安全，可居住性，可行走性。交通稳静化理念最早起源于 20 世纪 60 年代荷兰的温奈尔弗（Woonerf）计划，即将街道空间回归行人使用，实施道路分流规划对街道实施物理限速、物理交通导向，来改善社区居住及出行的稳静化环境，并取得了成功。交通稳静化措施主要有：（1）自行车与车行道分离，与步行道结合，实现快慢分离；（2）全铺装道路；（3）减速弯设计，降低车辆行驶速度；（4）交叉口收缩，限制车行，优先保障行人和自行车；（5）交叉口环岛设计，限制车速；（6）交叉口转弯半径缩小，缩小交叉口过街距离；（7）交叉口铺装，增加步行的连续和舒适性；（8）交叉口抬高，增加步行的连续和舒适性；（9）分时段的道路管理，比如星期日街道；（10）行人全绿灯的道路管理。完整街道和交通稳静化确实有共同点和渊源，比如其目标都有限制车行的部分，但相比之下，完整街道不仅仅是限制，更在于为行人、自行车以及公共交通争取更多路权。参见《伟大街道研究系列 1：交通稳静化》，“360doc 个人图书馆”，http：//www. 360doc. com/。

5. 完善桥隧设施

城市桥梁、隧道路段是传统“危险路段”。城市道路应当平顺接入隧道、桥梁，减小入口夹角。隧道、桥梁路段应当施划实线，全程区间测速和视频监控，禁止变道、超车、超速。隧道、桥梁路段应当设置应急车道或紧急停车带，保障应急救援和临时故障停车安全。隧道照明应当实行渐变设置，确保驾驶人及时适应内部亮度。隧道应当完善排水设施，防止降雨积水导致城市路网瘫痪。

三、强化重点车辆管控

加强城市道路交通安全治理，有效防范城市道路交通事故，必须抓住重点车辆。强化重点车辆管控，就是紧盯容易导致交通事故的货车、电动自行车、低速电动车、环卫车，以及涉及公共安全和交通安全的公交车，完善通行政策措施，消除车辆安全隐患。

1. 货车安全管控

推动实行城市客货运输车辆时空分离通行管控政策，白天以客车通行为主，限制货车通行。对货车确须白天通行的，办理通行许可，要求其按照指定线路、时段通行。设置物流货车专用路网，规划物流货运通行路线，根据不同桥梁、隧道、高架路条件，限制通行货车规格。推动落实企业主体责任，加强货车运行实时监控，落实源头装载要求，主动杜绝货车超载等交通违法行为。

2. 配送车型升级

提升城市物流配送货车本质安全，引导物流配送车辆转型升级，推动构建适应城市道路环境的物流配送车辆体系，逐步实现货车的规范化、封闭化、轻型化、小型化、新能源化，提升货车的安全性能，减少大型物流配送车辆对城市桥梁、高架道路的影响和对客运车辆的威胁。对符合标准的新能源城市配送车辆，给予通行便利，引导物流配送货车加快更新。

3. 加强两车治理

加强电动自行车和低速电动车安全治理，把住源头生产、销售关口，防止超标、违规车辆产品进入市场。在道路资源充足的区域，鼓励设置电动自行车、低速电动车专用道，分离混合交通流。对交通情况复杂区域，可限制电动自行车、低速电动车通行，减少交通冲突。鼓励骑电动自行车佩戴头盔，加强被动安全防护。

4. 环卫作业管理

环卫车在城市道路作业时间长、行驶缓慢、有时不受行驶方向限制，存在较大安全隐患。应当完善环卫车辆外观喷涂，设置电子警示标志，增设语音提示，警示过往车辆避让。喷洒作业应当合理调整喷水角度、强度，避免干扰过往车辆正常驾驶。合理调整喷洒作业时段，冬季冰点以下温度应当停止喷洒，避免导致道路结冰带来交通安全隐患。

5. 保障公交安全

公交车是人员密集场所，公共安全和交通安全非常重要。应当调整优化公交车行驶路线，尽量避开临水、临崖、桥梁、隧道路段，确须通过上述路段的，应当将公交车道设置在道路内侧。加强驾驶安全防护，在驾驶区域安装安全防护隔离设施，避免乘客干扰驾驶员引发交通事故。配备乘务管理人员，协助公交车驾驶员及时处置突发情况。完善公交车窗破拆装置，在突发情况下保障乘客及时逃生。

四、加强交通违法治理

城市道路交通事故基本都与交通违法有关。没有绝对安全的路或车，只有相对安全的人。治理城市道路交通安全，既要消除环境、道路、车辆客观安全隐患，更要消除交通违法主观安全隐患。加强交通违法治理，就是通过教育、管理、处罚、信用等措施，干预驾驶人的驾驶行为，确保驾驶人遵守交通法律法规，安全文明驾驶。

1. 常态整治违法

始终保持对酒驾、醉驾的“零容忍”，创建“零酒驾”街道、社区、单位；严查货车闯禁行、涉牌涉证、闯红灯等“野蛮驾驶”行为；严管电动自行车、低速电动车占用机动车道、违法载人、逆行、闯红灯等严重违法行为；严查机动车不让行“斑马线”行为；严管驾驶人开车使用电子设备、分心驾驶等“盲驾”行为；严管小汽车驾驶人和乘客不系安全带、摩托车驾驶人不按规定佩戴头盔违法行为。

2. 持续终身教育

构建道路交通安全终身教育机制，发挥政府部门、社会组织、企事业单位、街道社区等的作用，通过“声、光、电、屏、网、端”全媒体，特别是在幼儿园和义务教育阶段、在申领驾驶证时、在进入交通运输行业时，开展终身交通安全宣传教育，推动全社会对交通安全规则的掌握、对交通安全习惯的养成。探索在驾驶培训时增加“交通事故实地场景”教学环节，通过让学员“亲身体验”交通事故，把交通安全意识根植在未来驾驶人的头脑中。[1] 利用日期相近的“全国交通安全日”和“世界道路交通事故受害者纪念日”[2]，设置“道路交通安全宣传周”“道路交通安全宣传月”，推动引导全社会关注、重视和维护道路交通安全。

3. 关注重点群体

老人是国家的财富，儿童是国家的未来。由于年龄和生理原因，老人和儿童是道路交通事故中易受伤害者，需要更加重视“一老一小”道路交通安全问题。应当通过立法禁止儿童坐在汽车前排副驾驶位置，儿童乘车必须安装儿童安全座椅，儿童骑乘非机动车必须符合

---

[1] “我希望发生一些小事故，这可以作为整个社会学习过程的一部分。”蒙德曼感到很开心，因为他的儿子在车内出了一点小差错。他说实际上他宁愿出钱让儿子犯错：“他知道自己不安全，这样，他就会对自己的行为负责。发生车祸应该是驾驶课的一部分。我认为发生这些小事故有助于避免严重事故。”参见［美］汤姆·范德比尔特著《开车经济学》，中信出版社2009年4月版第176～177页。

[2] 2005年10月26日，联合国大会邀请会员国和国际社会确认每年11月第3个星期日为世界道路交通事故受害者纪念日，以适当体恤道路交通碰撞事故受害者及其家属（第60/5号决议）。参见“360百科”，http：//baike.so.com/。

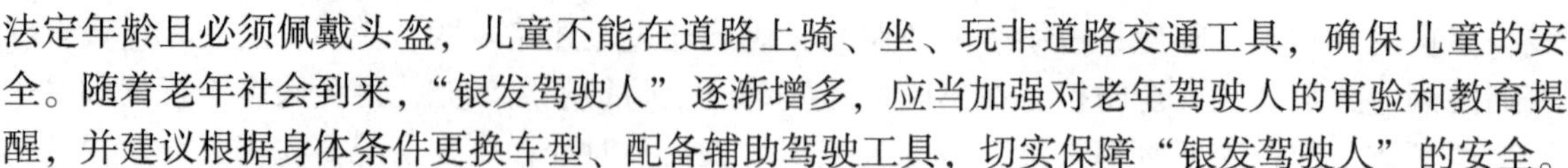

法定年龄且必须佩戴头盔，儿童不能在道路上骑、坐、玩非道路交通工具，确保儿童的安全。随着老年社会到来，“银发驾驶人”逐渐增多，应当加强对老年驾驶人的审验和教育提醒，并建议根据身体条件更换车型、配备辅助驾驶工具，切实保障“银发驾驶人”的安全。

4. 健全信用机制

健全完善交通领域信用机制，将严重交通违法、责任事故等信息纳入单位或个人不良征信记录。健全“守信联合激励、失信联合惩戒”机制，将交通参与者信用等级与保险费率、市场准入、职业准入、贷款消费等行为挂钩，推动交通参与者自觉遵守交通法规、安全文明出行。

5. 严格责任倒查

健全道路交通事故深度调查制度，对有人员死亡的道路交通事故以及影响较大的道路交通事故，一律深入调查追溯道路设计、建设、运营，车辆生产、销售、改装，机动车登记、检验、维修，企业注册、资质、管理，驾驶人培训、考试、审验等各个环节存在的问题，依法倒查追究相关责任人责任，倒逼企业落实交通安全主体责任，部门加强道路交通安全“全链条”安全监督管理。

五、健全应急救援机制

随着人、车、路的不断增加，城市道路交通事故的发生不可避免。发生交通事故却没有及时救援会加重事故的后果。迅速、及时、有效的应急救援，是救治和挽救道路交通事故受伤人员生命的重要保障。健全道路交通事故应急救援机制，就是建立健全部门协调联动的事故“快反快处”机制，建立多元的道路交通事故救援体系，最大限度降低道路交通事故致死率，保障人民群众生命安全。

1. 应急协调联动

建立健全道路交通事故跨区域、跨部门、跨行业应急救援联动机制，不断完善道路交通事故应急救援预案，购置储备道路交通事故应急救援物资，组织开展道路交通事故应急救援演练，确保遇有道路交通事故能快速反应、快速联动、快速出动、快速处置、快速救援。

2. 事故迅速处置

建设完善智慧城市道路交通系统，建立健全道路交通事故自动巡检系统，实现交通事故“秒级”发现、位置锁定和预警。通过指挥调度系统和信号控制系统，迅速打通事故救援“绿色通道”，保障救援车辆顺畅通行。视情实行事故现场交通管制，做好安全防护，严防二次事故。通过指挥调度系统和交通信号控制系统，做好外围交通的疏导分流，严防交通事故导致区域交通瘫痪。完善轻微道路交通事故“快处快赔”机制，避免小事故引发大拥堵。

3. 多元救援保障

提高医疗急救服务的联动效率，培育市场化、专业化应急救援组织，鼓励公益组织、保险行业等力量参与道路交通应急救援。通过投保入保，引导发展直升机空中救援模式，解决地面交通拥堵导致的救援延误问题，确保快速救援。

第十四章

城市道路交通共创共建共治共享

城市道路交通治理是一项综合性、系统性、整体性工程，涉及规划、建设、运营、管理、服务等多个环节，涉及环境、道路、车辆、人员等多个要素，涉及公安、住建、交通、市政、国土等多个部门。从国内外城市道路交通治理实践看，基本都经历了“五个变化”：（1）从以车为本到以人为本的价值回归；（2）从增加供给到抑制需求的理性转变；（3）从末端管理向前端治理的整体联动；（4）从传统手段向现代科技的转型升级；（5）从单纯管理向综合治理的理念提升。城市道路交通治理必须借鉴国内外治理经验，不断加强和创新社会治理，完善党委领导、政府负责、民主协商、社会协同、公众参与、法治保障、科技支撑的社会治理体系，建设人人有责、人人尽责、人人享有的社会治理共同体，共创、共建、共治、共享安全、有序、顺畅、舒适的城市道路交通环境。

一、党委政府领导

城市道路交通治理必须由党委政府领导。城市党委政府应当加强城市道路交通治理的顶层设计、统筹协调、整体推进、督促落实，确保城市道路交通治理沿着正确轨道开展。

1. 制定交通规划

按照城市总体规划，“多规合一”“多规融合”，结合实际把城市土地开发与交通发展结合起来，把城市交通规划与土地利用规划结合起来，研究制定城市交通专项规划、交通安全规划，确立城市交通发展愿景目标，明确城市交通发展策略，细化城市交通治理措施，做好城市道路交通治理顶层设计。[1]

2. 推进交通立法

坚持问题导向，坚持依法治理，善用法治方式，针对城市道路交通突出问题，结合实际

---

[1] 过去以增量和体系构建为主的综合交通体系规划，需要进行重大革新与回归，重新审视如何从空间经济学、人的行为经济学、行为心理学等角度，构建交通规划体系、交通研究体系。（1）交通规划要从机动性导向的增量规划体系回归到以人为本导向的人和物的可移动性规划体系。（2）要从单纯的设施规划导向回归到政策规划、设施规划、管理规划等同步的规划体系。（3）需要从愿景目标导向的规划回归到目标导向和问题导向并重的体系规划、改善规划和行动规划的融合。（4）回归到健康城市、健康交通导向的城市与交通整合规划，并突出公交导向、绿色交通导向的城市空间模式、土地开发模式、日常生活与出行模式建构和营造。参见杨涛撰写的《初论中国城市交通供给侧结构性改革与需求侧管制》，2017 年 2 月 2 日，澎湃新闻，https：//www. thepaper. cn/。

依法制定地方性法规、规章进行调整规范，通过立法方式破解城市道路交通治理的难题顽症。

3. 成立领导机构

建立健全城市人民政府主导的城市道路交通治理委员会、领导小组或办公室，研究制定完善城市道路交通治理政策，协调解决城市道路交通治理突出问题，督导考核推动城市道路交通治理工作落地见效。

二、部门联动治理

城市道路交通治理由政府部门负责实施。城市相关政府部门必须齐心协力、分工负责、协作配合，共同履职尽责，齐抓共管城市道路交通。

1. 部门联动共治

城市相关政府部门应当建立健全城市道路交通全链条协同治理机制，加强城市道路交通规划、建设、运营、管理、服务的一体化、流程化管理，通过完善前端设计弥补末端缺陷，通过解决末端问题推动前端治理，形成良性互动机制。

2. 联合执法监管

城市相关政府部门应当建立健全城市道路交通联合执法机制，加强道路规划、建设、运行，车辆生产、销售、使用，居民出行、驾驶、乘车等全过程、全链条监管，联查联控严重违法行为，共同切断源头安全隐患传导渠道，联合消除安全事故隐患，杜绝“灰犀牛”事件、避免“黑天鹅”事件发生。

3. 力量整合重塑

城市政府部门之间、部门机构之间、相邻区域之间，应当树立城市道路交通治理“一盘棋”思想，建立健全协作配合机制，打破部门、区域界限，实行多种力量“混合编成”“结构重组”，共同组建城市道路交通治理“专业队”“突击队”“尖刀队”，协同维护城市道路交通秩序，联合处置城市道路突发情况，发挥整体合力。

三、基层组织自治

城市道路交通治理与人民群众的利益紧密相关，离不开城市基层组织。基层组织应当将城市道路交通治理作为群众自治的重要内容，在力所能及的范围内积极推动。

1. 秩序自我维护

城市居委会应当在政府有关部门的指导下，加强对社区支路、居民小区和单位内部道路的通行管理，建立“路长制”“街长制”“巷长制”，通过聘请协管员、保安员、志愿者，疏导交通，维护秩序，纠正乱停乱放行为，劝阻交通违法行为，举报严重违法行为，保障城市“毛细血管”通畅。

2. 停车自管自治

停车是居民小区特别是老旧小区的“老大难”问题和居民的“烦心事”。城市居委会应当发挥好属地优势，协调居民小区和周边企事业单位，实行“双向共享停车”制度，缓解双方停车难问题。协调政府有关部门结合实际在小区周边道路实行“单停单行”“双停单行”措施，并设置夜间临时停车位，积极解决居民夜间停车难问题。

3. 便利业务办理

城市道路交通治理有关政府部门应当与城市基层组织协作，在社区设立交通业务工作站，通过居委会受理、代办相关业务，并设置无人自助业务办理设备，打造居民身边24小时“不打烊”的“服务站”“工作站”“自助站”，使政民关系更加和谐。

四、社会组织协同

道路交通相关行业协会是城市道路交通治理的重要力量。政府部门应当支持行业协会履职尽责，架起政府与企业之间的桥梁纽带，发挥好组织、协调、服务、监管作用，推动相关道路交通行业健康有序发展。

1. 制定行业标准

行业协会应当发挥好道路交通行业的组织者作用，针对相关道路交通行业存在的突出问题，制定相关产品、技术、装备、设施、建设、运营、服务团体标准，提高行业准入“门槛”，提升产品服务质量，引导相关行业规范、健康、有序、良性发展。

2. 加强行业监督

行业协会应当发挥好道路交通行业的监督者作用，会同政府部门联合加强行业企业监管，推动成立行业企业联盟，健全完善行业信用制度，建立行业企业“黑名单”制度，推动相关行业企业落实主体责任。

3. 倡导引导呼吁

行业协会应当发挥好道路交通行业的呼吁者作用，制定行业自律自治规范，发起行业自律倡议，开展行业评比、评选、评优活动，促使行业企业积极提升城市道路交通文明，共同维护城市道路交通优质环境。

五、公众参与协商

城市道路交通是重要的民生。人民城市人民建，人民城市人民管。城市政府部门应当广开言路，引导广大市民发挥好城市“主人翁”作用，积极推动城市道路交通全城共治、全民共治。

1. 积极建言献策

广大市民是城市道路交通的参与者，对城市道路交通的“难点”“堵点”“热点”“痛点”最有发言权。政府部门应当走好“网上群众路线”，通过政务服务 App、网站留言板，积极发动广大市民反映问题、提出意见、建言献策，共同治理人民群众身边的城市道路交通问题。

2. 组织听证论证

城市道路交通是民生大事。政府部门在制定出台城市道路交通治理的重大政策前，应当发扬协商民主，“众人的事情由众人商量”，广泛征求意见，充分听证论证，争取群众支持，保障广大市民的知情权、参与权、表达权、监督权，确保民主决策。

3. 加强监督测评

城市道路交通为人民而建。城市道路交通治理效果必须由人民评判。城市党委政府应当建立“第三方评估机制”，通过调查问卷、网络投票、随机走访等方式，客观评价城市道路交通治理效果，及时发现存在的问题，不断研究改进工作，确保实现城市道路交通治理的最佳社会效果。

六、专业机构支持

城市道路交通治理具有专业性、技术性，需要高等院校、科研院所等专业机构支持保障。政府部门应当建立健全政府“专家智库”，引导专业机构发挥专业优势，助力提升城市道路交通治理现代化水平。

1. 专业研究论证

政府部门在制定城市道路交通重大政策、研究建设城市道路交通重大项目、重大方案、重大举措前，在广泛征求人民群众意见的同时，应当召开行业座谈会、专家论证会、专业研讨会，充分进行合法性、合理性、可行性论证，确保决策科学。

2. 组织课题攻关

对城市道路交通治理“老问题”和“新难题”，政府部门应当联合专业机构，设立专项课题，组织项目攻关，建设一批实验室、试验基地、技术创新中心等创新平台，研究破解城市道路交通治理难题、顽症的新技术、新产品、新举措、新路径。

3. 培养专业人才

城市道路交通治理的核心是人才。政府部门应当会同专业机构，建立城市道路交通治理专业人才联合培养机制，通过“引进来、走出去”“相互挂职、专项培训”等方式，为政府部门培养储备城市道路交通治理专业化、实用型人才。

七、政府企业合作

城市道路交通治理离不开市场的力量、企业的力量。城市道路交通相关企业，既是城市道路交通治理的重要参与者，也是城市道路交通治理的相对人。相关企业应当联手政府部

门，遵循市场规律，加强政企合作，共治共创美好城市道路交通。

1. 采购市场服务

城市道路交通治理本质上也是一种产品和服务。政府部门应当用好市场化手段，将可以由市场解决、专业技术较强的“治理产品”，通过政府采购方式进行“外包”，让专业的人干专业的事，借助市场的力量有效解决政府部门“干不好”“干不了”问题，推动实现城市道路交通治理资源的最优化配置。

2. 发展智慧交通

政府部门应当按照国家交通强国战略，紧紧抓住新一轮科技革命和产业变革的时机，加强与新兴产业、行业、企业协作，建立以企业为主体、产学研用深度融合的技术创新机制，广泛应用互联网、大数据、云计算、物联网、区块链等先进技术，积极发展智慧城市、智慧交通，通过新技术的应用提升城市道路交通产品服务质量、提升城市道路交通治理能力。

3. 加速新业态发展

新技术催生新产品、新产品促进新业态。政府部门应当秉持包容审慎的态度，支持、鼓励城市道路交通新业态规范发展。相关企业在创新的同时，必须履行好主体责任，主动接受政府部门监管，守住法律法规的红线，兜住交通安全的底线，避免无序竞争、野蛮生长，推动城市道路交通新业态健康、有序发展。

第十五章

部分国外城市未来道路交通规划

近年来，国外政府都针对城市道路交通发展过程中遇到的问题，立足国情、结合实际、着眼全局、面向未来，探索谋划了未来城市交通发展战略、规划、计划，创新提出了未来城市交通的发展目标和治理策略，需要我们学习借鉴。

一、韩国首尔

2013 年，首尔发布《首尔交通远景规划 2030》，以“人、共享、环境”三种核心价值为中心，提出“以人为中心的交通、共享的交通、生态友好的交通”三大发展方向，以期实现“没有私家车的首尔，也能便利生活”的愿景。2030 年实现“三个 30”目标：乘用车通行量减少 30%，公共交通平均通勤时间减少 30%，绿色交通出行使用面积比率达 30%。

1. 以人为中心的交通

提倡步行或使用自行车，减少交通事故死亡人数，保障弱势群体出行无障碍。一是营造一个优先照顾行人的交通环境。扩大步行优先空间，建立行人友好区域，打造市中心步行街，让市民可以在各处尽情地行走；构建市中心地下步行网络，连接地铁站和地下商业街；打造无车社区。无须因汽车而等待或绕行，扩建行人优先道路设施，拆除立交桥；引入行人优先交通信号系统；提供行人专用路线咨询服务。二是创造一个以自行车为中心的生活环境。做到处处都有自行车路，打造自行车友好城市，扩建生活圈自行车道路、停车设施和维修中心；构建自行车干线网。安心骑乘，运行自行车防盗系统，优化公共交通间的换乘，推动自行车使用；在生活圈运营共享单车。三是减少交通死亡事故，打造交通安全特别市。减少生活圈内车辆间的摩擦，整顿生活圈内交通环境；引入生活圈车库场地证明制度。提高主干道交通安全标准，加强中心城市主干道车速限制；构建交通事故实时反应系统。提高公共交通安全性。建设先进的交通安全管理系统，启动动态管制系统“首尔 EYE”，首尔安全综合状况办公室实行 24 小时办公。四是创建一个没有交通弱势群体和一般人之间的区分的无障碍交通环境。弱势群体都能方便地使用公共交通，推广使用地板式公交车，所有轨道站内均提供交通弱势群体支援服务；拆除妨碍交通弱势群体出行的障碍物，打造无障碍步行环境，以弱势群体为参照进行交通工程设计；加强弱势群体交通服务，提供残疾人电话打车服务，引进“福祉出租车”，设立交通弱势群体出行综合支援中心。

2. 共享的交通

构建以轨道为中心的公共交通体系，提供更便捷的公共交通服务，打造共享的交通环境。一是构建以轨道为中心的高效公共交通体系。不断扩建改良城市轨道、广域铁路和轻轨，改善地铁拥挤的情况，维护更换老旧轨道，综合管理首都圈城市和广域轨道交通。重组公交系统，完善轨道交通与公交支线和干线衔接，减少公共交通盲点，消除公共交通服务时间“死角”。二是让公共交通更快速、便捷。提高公共交通运行速度，扩建城市高速轨道，推动城市主干道网络建设；搭建中央公交专用车道；引入需求导向型干线高速公交；缩短换乘时间和距离，重组城市轨道，构建换乘支援体系，扩建“私家车-公共交通”“轨道交通-公交”换乘设施。三是开启共享交通时代。把车辆曾占据的空间归还给人，建设完整街道，创建共享道路；加强“道路瘦身”，减少已有车道，扩建人行道和自行车道；引进共享停车场，引入停车预约制度；有效利用交通资源，普及共享汽车，引进共享公交，推广共享单车、公共自行车，推广城市物流共同配送。

3. 环保的交通

建设“出行减少”的社会，打造环境友好、高效的交通环境，与市民一起创建先进的交通文化。一是减少不必要的出行，打造“出行减少”社会。合理使用私家车，强化私家车使用者负担原则，按区域管理停车需求；职住相邻，减少通勤负担，从城市规划、二次整顿入手，建设职住融合型城市；城市开发时优先设置交通基础设施；以交通枢纽为中心进行城市开发。建设汽车少的舒适城市，创建汽车零排放区域，强化市中心停车需求管理。二是增强交通工具和交通设施的环保属性。减少车辆排放，引进推广环保交通出行方式，搭建环保出行基础设施，打造环保道路空间。三是创造一个没有拥堵的交通环境。打造与周边环境和谐的道路空间，通过轨道、道路地下化，打造生态友好型地上空间；打造高效的道路网，整顿主干道和交通瓶颈区域；通过有效道路运营解决交通拥堵，扩大先进的运营管理体系，实行交通预报、警报制度。四是与市民一起共同创造交通文化先进城市。与市民一起制定管理政策，建立市民和专家共同主导的政策治理体系，加强市民的政策监督；营造先进的交通文化，制定综合措施，合理修改法律制度。❶

二、法国巴黎

2016 年，大巴黎区交通组织（STIF）制定《大巴黎区城市出行方案》，提出迎接 9 项挑战、开展 34 项行动计划，倡导以公共交通为主导的生态交通，确立城市一体化规划理念，确保在交通与生活质量之间取得持续平衡。

1. 挑战 1：建造美好城市，鼓励步行、自行车和公共交通方式出行

沿公共交通干线，紧凑布局城市；设计出可以替代汽车的出行方式，并将其运用到社区（将社区打造成适宜步行的岛状住房群、综合考虑各种城市功能、确保足够高的人口密度）；

---

❶ 参见微信公众号“智能交通技术”，2018 年 8 月 13 日，《首尔的交通，展望 2030》。

充分考虑新社区与现有城市之间的联系，增强城市规划的连续性。

2. 挑战2：使公共交通出行更具吸引力

提供可靠、规律、适应需求的公共交通服务，让所有人都能方便地乘坐公共交通工具。加强大巴黎地区快速铁路网的放射式连接；延长地铁线路；修建有轨电车、TZen线路，并为公共汽车设定专用道；改善公共汽车的服务质量，标识更清晰、车辆更牢固、更适应乘客的需求。

3. 挑战3和挑战4：恢复步行在各出行方式中的地位，使骑行成为一种新风尚

确保城市规划优先考虑慢行出行方式，使步行和自行车出行更加安全舒适。在人口超过1万人的城市，至少设置一个慢行交通区域（限速区域、交谈区域、步行区域）；在校园附近设置慢行交通区域；在行人和自行车路线相关区域消除主要交通阻滞；在枢纽附近增设自行车停车位；对大巴黎地区主要公路网进行治理，使其便于骑行，并通过地方支路路网加以补充。

4. 挑战5：限制个体机动化出行

出台“自助出行”政策，减少个体机动化方式的出行，促进和鼓励替代出行方式。减少公共损害，提升道路安全水平；更有效地利用现有道路资源；鼓励共用汽车（汽车共享、拼车）；规范化管理公路和公共停车场，规范汽车使用；规范管理两轮机动车停车，释放更多公共空间；控制停车位供给，并限制私家车使用。

5. 挑战6：确保出行网络无障碍

根据实用原则，优先开展道路无障碍通行工作。确保最常用路段及场所实现无障碍通行；清理人行道，设置警戒带，排除人行道上的障碍；确保公交车站无障碍通行；确保任何人都能无障碍抵达火车站。

6. 挑战7：合理组织货物运输，鼓励应用水路和铁路运输方式

在制定城市总体规划时考虑物流需求；设置铁路物流基地和水路物流基地；加强运输车辆的通行和停车管理，确定车辆交接场地，管理车辆使用、改善运输条件；鼓励经由水路清运建筑垃圾。

7. 挑战8：建立一套能够应用于确定各参与方责任的管理系统

推广地区出行方案；通过“大巴黎出行观察站”对出行方案进行评估；召开“出行会议”，全体参与者共同分享经验；总结出行方案实施成果；帮助地方政府实施出行计划；通过互联网动员所有市民积极参与。

8. 挑战9：让大巴黎地区的每个人成为自己出行的负责人和参与者

每个人应明确自己所选择的出行方式对环境和交通系统造成的影响。制订出行计划，要求政府部门或企业至少30%的员工按计划出行；控制学生的出行方式比例，将乘坐汽车或两轮机动车去学校的学生比例控制在10%以内；发布覆盖全部出行方式的多种实时交通信息。[1]

[1] 参见微信公众号“公共交通资讯”，2019年3月23日，《法国〈大巴黎区城市出行方案〉要点》。

三、日本东京

2017年，东京制定新一版城市“总规”《都市营造的宏伟设计——东京2040》，设定了打造一个更安全、多彩、智慧城市的目标，提出了七大战略30条政策方针。在《东京2040》中，交通战略“实现人、物、信息的自由交流”排在第2位，涵盖航空、海河、公路、道路、铁路、轨道、物流、智慧等多个领域。

1. 保障全年龄人群顺畅出行

在儿童、老人、育儿人群活动需求增加的趋势下，为全年龄人群提供公平、安全的交通出行环境，是创造安全城市的关键。在羽田机场、成田机场、大型轨道车站等人流聚集的重要始发站，支持可顺利转乘的无障碍设施的建设。推进地铁车站周边形成连接地铁与街道的无障碍空间。提高以高龄人群与残疾人为代表的所有人的出行舒适度，创建所有人群可自由出行的交通环境。

2. 重塑街道空间提高交往活力

重建街道活力交往空间，推广使用自行车和小型交通工具，引入自动驾驶型燃料电池公交车辆，释放道路空间营造公共空间。创建安全、舒适的行人空间，清除电线杆，为路边文娱活动和开放式咖啡馆提供场地；创造行人可享受的美丽城市空间，将滨水空间与道路绿化空间有机联系起来。重建车站活力交往空间，更新大型始发车站周边空间，为行人提供安全、舒适空间；修建环线削减过境交通，集约利用车站周边停车设施，取消地面停车；在车站周边空间设置下沉式花园、绿化设施、公共自行车停靠点等多种公共服务设施；道路上空整合行人通行平台、广场等设施，形成以行人为中心的空间。

3. 丰富车站功能实现站城融合

车站与街道空间一体化，在中心地区利用城市更新机会，加强车站出入口指引，以车站为中心，精细、便捷地连接街道。接驳换乘交通一体化，改善车站换乘条件，对于多线汇集、换乘不方便车站，要新设通道，扩展空间，改善设施；加强多网融合，强化公共汽车、公共自行车等出行方式与轨道交通网络的接驳和融合。车站功能服务城市一体化，开发车站周边地区时，完善便民设施，提高恶劣天气出行安全水平，引导车站与周边开发项目形成一体化的创意广场与下沉花园，建成繁华的城市空间。

4. 形成广域化高效物流网络

形成高效物流网络，公路、铁路、港湾、机场应高度合作，确保广域化物流网络的速达性和时效性。基础设施网络支持广域物流，推进圈央道周边地区综合物流基地的建设；修建联系东京港等物流基地的道路网及与立体交通设施；活用信息通信技术、自动驾驶技术，建立货物智慧管理系统。实施共同配送提高地区物流效率，设置货物装卸空间，实施共同配送，形成功能地区内自主高效的物流体系；制定新建建筑货物共享装卸空间的引导机制和物流停车位配建标准，匹配地区特性与需求。保障低交通可达性地区的物流服务，促进客货混合运输，实施同方向车辆的载客运输与货物运输，推进公共交通客货混载。

5. 智慧技术创造信息化城市

利用城市空间，结合物联网（IOT）、信息通信（ICT）等新技术，搭建最尖端的信息平台，实现城市活动便利性和安全性的本质提升，创建信息化城市空间。利用基础设施收集整合信息数据，促进多主体合作，创建互联互通的信息环境，建设信息技术驱动的基础设施。建设面向出行服务的智慧交通系统，为定制化需求提供出行信息，完善换乘向导和车站周边信息，向驾驶人提供安全、畅通的线路信息。建设面向设施管理的智慧交通系统，采用信号控制与探测器等技术缓解拥堵，采取差异化拥堵收费模式；采用自动驾驶技术，提高交通的速达性与安全性，采用货源远程传感技术提升物流基础设施管理效率。面向灾害应对的智慧交通，采取先进技术应对地震多发情况，探索发生大规模灾害时的紧急运输路线。

在这项交通战略的基础上，交通还以各种形式贯穿于其他六大战略方案措施中，特别是坚持轨道交通导向的多中心集约式发展模式，引导轨道交通车站周边地区聚集生活圈形成“步行生活城市”，沿着轨道出行轴创建“轨道上的东京”。

（1）以高质量的交通基础设施支持高密度的城市生活。修订街区重建城市建设条例，围绕轨道交通站点对大型商务中心进行持续更新。以立体方式重构轨道车站的站前空间，将道路上方空间与城市空间一体化利用。

（2）一体推进基础设施的大规模更新与城市重建。结合车站与站前广场、地下空间的重建，推进周边街区的功能更新，形成有魅力的轨道交通站点活动中心。有计划地更新首都高速公路，推进都心环线等老旧设施的更新重建工作。

（3）有效利用大范围未开发土地。围绕轨道车站重建商务、商业中心，将站点周边地区闲置用地或低密度公共服务用地置换为高密度居住小区，引入医疗、养老、育儿服务，沿道路形成次级商务商业中心。

（4）创建与公共交通枢纽相匹配的地区中心。以主要轨道交通车站为中心，完善城市开发建设。建设舒适的城市，居住区优先选址布局于轨道交通车站、公交站点的步行服务范围内，完善交通枢纽内的公交、出租车服务，利用自动驾驶技术建立面向居住区的需求响应式出行服务模式。

（5）利用交通空间形成繁荣的文化艺术场所。利用街道、轨道车站等交通空间，创造文化艺术空间。可以将隔音墙或立交桥下空间与沿街开敞空地作为公共艺术文化场所利用；可以对街道空间进行适当的占用，设置咖啡厅、演出剧场等开放活动空间。❶

四、英国伦敦

2018年，英国伦敦发布《伦敦市长交通战略》（以下简称《战略》），统筹确定了未来24年伦敦市的交通发展策略。《战略》承认以小汽车为导向的城市规划和交通战略曾极大地

❶ 参见微信公众号“cityif”，2019年9月9日，《东京2040》系列解读之一：《东京的绿化建设——创建四季都有绿水青山的城市》；2019年9月10日，《东京2040》系列解读之二：《东京的安全建设——创建对抗灾害风险与环境问题的城市》；2019年9月11日，《东京2040》系列解读之三：《东京都市圈建设——为交流、合作、挑战而生的都市圈》；2019年9月12日，《东京2040》系列解读之四：《东京的城市交通规划——面向未来、自由出行、促进交流的城市交通规划》。

促进了伦敦市经济发展，但也造成居民对小汽车的严重依赖，挤压了公共交通和慢行交通的发展空间。在人口持续增长及土地日益紧缺的今天，伦敦市的交通问题已经凸显，街道污染，安全隐患众多，公交拥挤、低效。面对既有交通问题，为应对伦敦人口的持续增长，《战略》提出以“健康街道战略”为核心，倡导街道与空间活力的营造以及居民出行方式的绿色化转变，通过实施“健康街道与市民”“优质公共交通体验”“新住所和就业”三大策略，降低城市居民对私人小汽车的依赖，引导交通出行模式向更加健康、更有效率的绿色出行方式转变，推动伦敦实现在2041年城市绿色出行比例达到80%的目标，将伦敦打造为一个“街道有活力、交通有效率、空间有魅力”的国际性宜居城市。

1. 健康街道与健康市民

《战略》提出可达、包容的交通系统和健康宜人街道设计是伦敦市实现“健康街道、健康居民”策略的基本要求，提出了“空气清新，各年龄和阶层都能步行，过街容易，遮阳避雨，有地方休息，低噪声，步行、自行车和公交车成为首选，交通和人身安全，有得看、有得逛，体验轻松”的健康街道十大指标，尤其强调对街道活力、安全与绿色的塑造。一是活力：街道与空间设计兼顾活力与安全，让街道慢行环境更加有诱惑力和迷人，打造宜人的慢行空间，培养居民对慢行交通方式的依赖，实现居民每天至少20分钟“活力出行”。二是安全：营造安全交通系统体系，通过交通安全体系的打造，借助车辆限速、街道改善等手段，实现城市交通零死亡、零重伤。三是绿色：建设城市绿色低碳交通体系，实现伦敦市交通系统零排放、零污染。

2. 优质的公共交通体验

《战略》提出公共交通服务品质提升的四大策略措施，以及包括车辆站点无阶梯式设计、公共交通系统零障碍搭乘改造在内的一系列精细化的品质提升方案。一是以安全性和价格可负担性为前提，以乘客服务水平提升为宗旨，打造便捷、易用的公共交通系统。二是围绕公共交通的可达性，持续提升残疾人和老年人的出行体验，保障其能够自由、独立地享用公共交通服务。三是持续推进公交车道网络建设，形成便捷、可靠、可达性强的公交车道网络。四是持续提升铁路系统出行的可靠性、舒适性以及服务效率，并逐步扩大其行程覆盖范围。

3. 新住所和就业

面对持续增长的交通压力以及住房与工作需求，《战略》坚持高密度利用、混合开发的城市规划理念，持续扩建公共交通系统，实现伦敦欠发达地区就业和居住供给能力的逐步提升。市政府计划每年建设6.5万套可负担住房、创造130万个工作机会，并建设与居住就业相匹配的交通系统，来消除人口增长对城市空间和交通系统造成的冲击和影响。交通系统的匹配性体现在：一是居民愿意在街道空间驻足交流，自行车可自由穿梭与停放。二是城市公共交通、建筑空间和公共场所更加实用和易用。三是新建住房能容纳足量的居民，并与活力空间相邻或接壤。四是慢行空间随处可见、物流畅通、出行绿色。[1]

[1] 参见公安部道路交通安全研究中心译《伦敦市长交通战略》，人民交通出版社股份有限公司2019年3月版；微信公众号“智能交通技术”，2018年7月18日，《2018伦敦市长交通战略》。

五、美国纽约

2019 年，纽约发布 2050 年“总规”《一个纽约 2050：建立一个强大且公平的城市》（One NYC 2050：Building a Strong and Fair City），其交通规划篇章为《高效机动性》（Efficient Mobility）。规划目标是纽约市将让出行更加可靠、安全以及可持续，让纽约人不再依赖汽车。规划提出 4 项倡议。

1. 打造现代化的公共交通网络

一是使地铁系统现代化，提高可负担性和可达性。实施“快进计划”，推动地铁和公共汽车现代化；通过“公平票价计划”，为低收入纽约市民提供优惠的地铁票；提升地铁可达性，打造无障碍地铁站；推动地铁出入口与周边地块一体化衔接；不断扩展地铁线网，满足城市人口增长需求。二是通过公交优先提高公交性能。重新设计地面公交网络；增加公交专用道，倡导快速公交服务（SBS）计划，全面提高公交运行速度；通过执法保障公交优先。三是为更多的纽约客提供公共交通。扩建纽约渡轮班线，推进有轨电车路线，为缺少公交服务的社区提供可靠和有韧性的运输服务。

2. 保障街道安全和高可达性

一是实施道路安全“零愿景”行动计划。重新规划设计街道，每年建设至少 50 项“零愿景”安全工程。设置独立行人过街信号灯相位并修改信号配时，确保机动车以限速或低于限速通行。二是将危险的主干道改造为安全的街道。增加自行车道、行人安全岛和其他安全设施，将切割社区和行人、非机动车难以进入的道路，变为安全和繁荣的社区连接线。三是减少由城市机构管理或监管的车队伤亡。确保市政车辆、出租汽车和环卫车辆及其驾驶员符合“零愿景”要求的高标准。四是拓展自行车网络的连接。让纽约市民更容易地使用自行车网络，出行更安全、更轻松、更方便；在重点自行车出行区建设或改造自行车道；扩建绿道；扩大有桩自行车和无桩自行车共享网络；注重新兴出行方式的公共安全。五是提高可步行性和可达性。在社区实施“居民优先街道”试点；提高街道和人行道的可达性，安装无障碍行人信号，并引入行人导航技术。

3. 减少拥堵和排放

一是实行城市街道车辆需求管理。与州政府合作在 CBD 区域实施拥堵收费；利用新技术强化交通执法，提高停车位周转率；将路侧泊位在高峰时段变为行车道；强化 HOV 车道管理；优化路边空间使用；暂停发放新网约车许可证，减轻网约车对拥堵的影响。二是发展城市充电基础设施网络，鼓励市民使用电动汽车。三是减少城市车辆数和汽车尾气排放。降低公务车辆数量和规模；推动车辆绿色化。四是从商业层面减少车辆排放。为零排放货运车辆提供装卸货物空间；设置零排放车辆专用车道；低排放车辆优先获得通行许可。

4. 强化区域和国际联系

一是提高区域交通可达性和通行能力。投资跨哈德逊河通道项目；完成宾夕法尼亚车站和东侧通道项目；实行通勤铁路直通运营服务；推动通勤铁路与轮渡等其他交通方式的购票一体化；与邻近地区协调以改善跨行政区出行体验。二是推动纽约市货运网络现代化。实施“货运纽约”计划，推动铁路和水路物流配送；改善货物末端配送，将交货时间调整到非工作时间，以降低运输成本、减少燃料消耗、改善空气质量并减少拥堵。三是提高航空旅行的可持续性和效率。鼓励制定飞机和机场设备燃料的可持续替代方案；推进 NextGen（下一代）计划，减少飞机在空中和地面上的延误；改善机场接驳交通。❶

六、新加坡

2019 年，新加坡发布《2040 陆路交通发展总蓝图》（LTMP 2040），计划在未来 20 年进一步扩大地铁网络，打造更四通八达的公共交通服务，鼓励选择“走、骑、搭”（Walk-Cycle-Ride，WCR）交通方式❷，实现“20 分钟市镇、45 分钟城市”的愿景。

1. “20 分钟市镇、45 分钟城市”

将有更多的公共交通、主动出行、共享交通等方式可供通勤者选择，让行程更加方便快捷、互联互通。一是优先发展公共交通、主动出行和共享交通方式。发展轨道网络，为通勤者提供快速、直达的出行服务；实施更多的公交优先措施，使出行更快捷、更顺畅；继续投资步行和自行车出行基础设施。二是促进无缝衔接的多模式出行。减少换乘次数并提供更高效的交通方式；继续探索自动驾驶汽车、需求响应和动态路径公交等创新技术。三是让工作和生活设施更靠近住所。建立更多的区域中心，为城市外围地区带来就业机会；鼓励雇主采用灵活的政策，如远程办公、弹性工作时间和远程工作方式。

2. 所有人的交通系统

通勤者需要更具包容性和更舒适的交通系统，能为家庭、老年人和残疾人服务。一是培养礼貌谦和、乐于助人的通勤文化。提供更多机会和平台，以鼓励和认可礼貌谦和、乐于助人的行为；在陆路交通系统中建立积极的社会规范。二是提高公共交通系统员工的能力，满足不同需求。开展员工培训，协助需要帮助的乘客；重新设计公共交通系统，使其对有特殊需求的人更加友好。三是加强基础设施建设，提供更好的可达性，实现无障碍出行。在 2020 年前所有公交车可以使用轮椅；建设更多无障碍出入口，方便轮椅使用者和带婴儿车的家庭；与公共交通运营商合作，提高交通标志和标线的质量。

3. 健康生活、安全出行

推广更健康的生活方式、建设更宜居的新加坡。一是实现健康生活：为公共交通、主动出行和社区使用提供更多空间。改造街道，使其更适合步行和主动出行；改善主动出行方式与公共交通的衔接；重新设计城镇，鼓励更健康和更积极的生活方式。二是提升出行安全：

---

❶ 参见微信公众号“一览众山小-可持续城市与交通”，2019 年 5 月 31 日，《纽约 2050 总规：城市交通发展到关键路口——向人转？向车转?》。

❷ “走、骑、搭”（WCR）包括：Active Mobility Modes（主动出行方式，包括步行、自行车、电动滑板车等）、Mass Public Transport（公共交通方式，包括轨道、公交）、Shared Transport（共享交通方式，包括出租汽车、网约车、共享汽车等）。

减少道路交通相关的死亡人数。设计道路和通道，提高安全性，鼓励安全行为；建造更多自行车道，减少行人和骑行者之间的潜在冲突；教育道路使用者注意自己和他人的安全。三是打造清洁环境：推广环保型车辆和基础设施。为公交车队配备更节能的车辆和更清洁的燃料；与共享交通运营商合作，为出租车和网约车设定清洁车辆比例的目标。❶

总结国外未来城市交通发展规划，都无一例外有下列“共通点”：(1) 城市规划更加注重集中集约，推动土地高密度利用、混合开发，推行 TOD 开发模式，推进城市规划与城市交通一体融合；(2) 城市道路更加注重以人为本，积极建设环境友好、行人友好的健康街道、活力街区；(3) 城市交通更加注重绿色低碳，积极发展新能源车辆，不断提升绿色交通出行比例；(4) 城市交通更加注重服务品质，积极推进各种交通方式融合发展，推动出行服务一体化，交通出行更加便捷高效；(5) 城市交通更加注重出行安全，积极打造安全街道，优先保障行人和非机动车安全出行，努力实现城市交通零死亡；(6) 城市交通治理更加注重科技应用，推动智慧交通、数字交通系统建设，提升城市道路交通治理水平。

---

❶ 参见微信公众号“公共交通资讯”，2019 年 5 月 23 日，《新加坡交通 2040：鼓励“走、骑、搭”出行》。

第十六章

部分国内城市未来道路交通规划

近年来，为适应新时代对城市道路交通的新需求，促进城市经济社会可持续发展，推动城市交通更好地匹配支撑城市人口、空间、产业健康演进，国内主要城市都结合规划制修订工作，按照“世界眼光、国际标准、中国特色、高点定位”要求，设计了未来城市交通发展方向，提出了未来城市治理策略。

一、国家层面

2019 年，我国制定了《交通强国建设纲要》，要求推动交通发展由追求速度规模向更加注重质量效益转变，由各种交通方式相对独立发展向更加注重一体化融合发展转变，由依靠传统要素驱动向更加注重创新驱动转变，构建安全、便捷、高效、绿色、经济的现代化综合交通体系。目标是到 2035 年，基本建成交通强国，智能、平安、绿色、共享交通发展水平明显提高，城市交通拥堵基本缓解；到 21 世纪中叶，全面建成人民满意、保障有力、世界前列的交通强国。其中，与城市交通有关的策略如下。

1. 基础设施布局完善、立体互联

一是以国家发展规划为依据，发挥国土空间规划的指导和约束作用，统筹铁路、公路、水运、民航、管道、邮政等基础设施规划建设，以多中心、网络化为主形态，完善多层次网络布局，优化存量资源配置，扩大优质增量供给，实现立体互联，增强系统弹性。二是建设城市群一体化交通网，推进干线铁路、城际铁路、市域（郊）铁路、城市轨道交通融合发展，完善城市群快速公路网络，加强公路与城市道路衔接。三是尊重城市发展规律，立足促进城市的整体性、系统性、生长性，统筹安排城市功能和用地布局，科学制定和实施城市综合交通体系规划。四是推进城市公共交通设施建设，强化城市轨道交通与其他交通方式衔接，完善快速路、主次干路、支路级配和结构合理的城市道路网，打通道路微循环，提高道路通达性，完善城市步行和非机动车交通系统，提升步行、自行车等出行品质，完善无障碍设施。科学规划建设城市停车设施。全面提升城市交通基础设施智能化水平。五是构筑多层级、一体化的综合交通枢纽体系，打造具有全球竞争力的国际海港枢纽、航空枢纽和邮政快递核心枢纽，建设一批全国性、区域性交通枢纽，推进综合交通枢纽一体化规划建设，提高换乘换装水平，完善集疏运体系。

2. 交通装备先进适用、完备可控

一是加强新型载运工具研发，加强智能网联汽车（智能汽车、自动驾驶、车路协同）研发，形成自主可控完整的产业链。二是推进装备技术升级，推广新能源、清洁能源、智能化、数字化、轻量化、环保型交通装备及成套技术装备。三是广泛应用智能高铁、智能道路、智能航运、自动化码头、数字管网、智能仓储和分拣系统等新型装备设施，开发新一代智能交通管理系统。推广应用交通装备的智能检测监测和运维技术。加速淘汰落后技术和高耗低效交通装备。

3. 运输服务便捷舒适、经济高效

一是推进出行服务快速化、便捷化，提高城市群内轨道交通通勤化水平，推广城际道路客运公交化运行模式，打造旅客联程运输系统。二是加强城市交通拥堵综合治理，优先发展城市公共交通，鼓励引导绿色公交出行，合理引导个体机动化出行。推进城乡客运服务一体化，提升公共服务均等化水平，保障城乡居民行有所乘。三是打造绿色高效的现代物流系统，优化运输结构，加快推进“公转铁”重点项目建设，推进大宗货物及中长距离货物运输向铁路和水运有序转移。推动铁水、公铁、公水、空陆等联运发展。四是推进电商物流、冷链物流、大件运输、危险品物流等专业化物流发展，促进城际干线运输和城市末端配送有机衔接，鼓励发展集约化配送模式。优化物流组织模式，提高物流效率，降低物流成本。五是加速新业态新模式发展，大力发展共享交通，打造基于移动智能终端技术的服务系统，实现出行即服务。发展“互联网 +”高效物流，创新智慧物流营运模式。加快快递扩容增效和数字化转型，壮大供应链服务、冷链快递、即时直递等新业态新模式，推进智能收投终端和末端公共服务平台建设。积极发展无人机（车）物流递送、城市地下物流配送。

4. 科技创新富有活力、智慧引领

一是强化前沿关键科技研发，瞄准新一代信息技术、人工智能、智能制造、新材料、新能源等世界科技前沿，加强对可能引发交通产业变革的前瞻性、颠覆性技术研究。加强区域综合交通网络协调运营与服务技术、城市综合交通协同管控技术等研发。二是大力发展智慧交通，推动大数据、互联网、人工智能、区块链、超级计算等新技术与交通行业深度融合。推进数据资源赋能交通发展，加速交通基础设施网、运输服务网、能源网与信息网络融合发展，构建泛在先进的交通信息基础设施。三是完善科技创新机制，建立以企业为主体、产学研用深度融合的技术创新机制，鼓励交通行业各类创新主体建立创新联盟，建立关键核心技术攻关机制。建设一批具有国际影响力的实验室、试验基地、技术创新中心等创新平台，加大资源开放共享力度。构建适应交通高质量发展的标准体系，加强重点领域标准有效供给。

5. 安全保障完善可靠、反应快速

一是提升本质安全水平，完善交通基础设施安全技术标准规范，持续加大基础设施安全防护投入，提升关键基础设施安全防护能力。构建现代化工程建设质量管理体系，推进精品建造和精细管理。强化交通基础设施养护，提高养护专业化、信息化水平。强化载运工具质量治理，保障运输装备安全。二是完善交通安全生产体系，健全交通安全生产法规制度和标准规范。完善安全责任体系，强化企业主体责任，明确部门监管责任。完善预防控制体系，

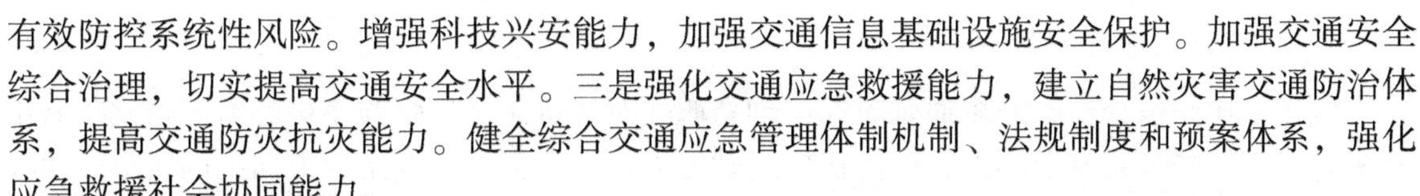

有效防控系统性风险。增强科技兴安能力，加强交通信息基础设施安全保护。加强交通安全综合治理，切实提高交通安全水平。三是强化交通应急救援能力，建立自然灾害交通防治体系，提高交通防灾抗灾能力。健全综合交通应急管理体制机制、法规制度和预案体系，强化应急救援社会协同能力。

6. 绿色发展节约集约、低碳环保

一是强化节能减排和污染防治，优化交通能源结构，推进新能源、清洁能源应用，促进公路货运节能减排，推动城市公共交通工具和城市物流配送车辆全部实现电动化、新能源化和清洁化。降低交通沿线噪声、振动，妥善处理好大型机场噪声影响。开展绿色出行行动，倡导绿色低碳出行理念。二是强化交通生态环境保护修复，将生态环保理念贯穿交通基础设施规划、建设、运营和养护全过程。推进生态选线选址，强化生态环保设计，避让耕地、林地、湿地等具有重要生态功能的国土空间。建设绿色交通廊道。

二、北京市

2017 年 9 月，党中央、国务院批复《北京城市总体规划（2016 年—2035 年）》，提出坚持全国政治中心、文化中心、国际交往中心、科技创新中心的城市战略定位，大力实施以疏解北京非首都功能为重点的京津冀协同发展战略，转变城市发展方式，完善城市治理体系，有效治理“大城市病”，不断提升城市发展质量、人居环境质量、人民生活品质、城市竞争力，把北京建设成为国际一流的和谐宜居之都。

1. 控制城市规模

坚持集约发展，框定总量、限定容量、盘活存量、做优增量、提高质量，以资源环境承载能力为硬约束，确定人口规模、用地规模和平原地区开发强度，切实减重、减负，实施人口规模、建设规模双控，倒逼发展方式转变、产业结构转型升级、城市功能优化调整，实现城市发展目标协调统一。

2. 优化空间布局

充分考虑延续古都历史格局、治理“大城市病”的现实需要和面向未来的可持续发展，着眼于打造以首都为核心的世界级城市群，完善城市体系，在北京市域范围内形成“一核一主一副、两轴多点一区”的城市空间结构，着力改变单中心集聚的发展模式，构建新的城市发展格局。

3. 有序疏解非首都功能

以疏解非首都功能为“牛鼻子”，统筹疏解与整治、疏解与提升、疏解与承接、疏解与协同的关系，突出把握首都发展、减量集约、创新驱动、改善民生的要求，大力调整空间结构，明确核心区功能重组、中心城区疏解提升、北京城市副中心和河北雄安新区形成北京新的两翼、平原地区疏解承接、新城多点支撑、山区生态涵养的规划任务，优化提升首都功能，做到功能清晰、分工合理、主副结合，走出一条集约发展的新路子，探索人口经济密集地区优化开发的新模式。

4. 推进职住平衡发展

优化就业岗位分布，缩短通勤时间，创新职住对接机制。加强联系中心城区与北京城市副中心、新城的公共交通建设，提高快捷通勤能力。大幅提升通勤主导方向上的轨道交通和大容量公交供给，完善城市主要功能区、大型居住组团之间的公共交通网络，提高服务水平，缩短通勤时间。推进以公共交通为导向的开发（TOD）模式，围绕交通廊道和大容量公交换乘节点，强化居住用地投放与就业岗位集中，建设能够就近工作、居住、生活的城市组团。

5. 优化城市公共空间

通过衔接大型公共服务设施、建设城市绿道、优化滨水空间、打开封闭街区、打通步行道、拆墙见绿、促进公园绿地开放共享等多种手段，增强公共空间有效连通，提高公共空间可达性。重塑街道空间环境，对交通性街道、生活性街道、历史街区街道、综合性街道分类进行精细化管控与引导，打造特色街道示范区。通过道路断面优化、沿线建筑控制、街道设施人性化改造、完善过街和无障碍设施、街道景观设计、规范停车行为等措施，修补街道肌理，提升街道环境品质，让街道拥有舒适安全的环境、赏心悦目的景观和生动美好的生活氛围。

6. 促进交通与城市协调发展

建立分圈层交通发展模式，打造 1 小时交通圈。完善城市快速路和主干路系统，推进重点功能区和重大交通基础设施周边及轨道车站周边道路网建设，大幅提高次干路和支路规划实施率。提高建成区道路网密度。建立交通与土地利用协调发展机制，加强轨道交通站点与周边用地一体化规划及场站用地综合利用，提高客运枢纽综合开发利用水平，引导交通设施与各项城市功能有机融合。

7. 坚持公共交通优先

加强轨道交通建设，按照中心加密、内外联动、区域对接、枢纽优化的思路，优化调整轨道交通建设近远期规划，大幅增加城际铁路和区域快线（含市郊铁路）里程，有序发展现代有轨电车。提升公交服务水平，优化公交专用道规划建设和管理，提高公交运行速度和准点率。加强客运枢纽和交通节点建设，促进干线铁路、城际铁路与城市有机融合，实现新建铁路车站与城市交通顺畅衔接。创新客运交通运输组织模式，实现铁路与城市轨道交通一体化运营服务，实现公路与城市道路交通一体化衔接。创新客运交通运输组织模式，提供联程运输和一体化服务。提升公共交通接驳换乘环境，加强轨道交通车站“最后一公里”接驳换乘通道和设施建设，增加微循环公交线路，倡导自行车换乘公共交通的绿色出行方式，规划建设一批换乘停车场。

8. 实施差别化的交通需求管理

按照控拥有、限使用、差别化的原则，划定交通政策分区，实施更科学、更严格、更精细的交通需求管理。综合利用法律、经济、科技、行政等措施，分区制定拥车、用车管理策略，从源头调控小汽车出行需求。构建科学合理的停车管理体系，坚持挖潜、建设、管理、执法并举，加强行业管理，建设良好停车环境。构建符合市场化规律的停车价格体系，完善市场定价、政府监管指导的价格机制。通过利用腾退土地和边角地、建设立体机械式停车设施等多种手段增加供给。

9. 绿色智慧平安出行

建设步行和自行车友好城市，构建连续安全的步行和自行车网络体系，保障步行和自行车路权，开展人性化、精细化道路空间和交通设计，创造不用开车也可以便利生活的绿色交通环境。积极鼓励、引导、规范共享自行车健康有序发展。建设智慧交通体系，倡导智慧出行，实现交通建设、运行、服务、管理全链条信息化和智慧化；推行“互联网 + 便捷交通”，建立政府监管平台和市场服务平台，积极引导共享自行车、网约车、分时租赁等新业态健康发展。建设低碳交通系统，强化交通节能减排管理，优化交通能源结构，推动新能源、清洁能源车辆在交通领域规模化应用。建设和谐平安交通，坚持城市交通社会共建、共治、共享，加强宣传、教育和培训，加强交通管理设施建设，完善交通安全设施，优化交通发展软环境。

10. 交通物流融合发展

优化物流基础设施布局，完善物流配送模式，提升物流配送的整体效益，构建由物流基地、专业物流园区、配送中心、末端配送点组成的城乡公共物流配送设施体系。规范城市末端配送组织，形成多功能集约化的物流配送终端网络。优化整合民航、铁路、公路物流设施布局，实现专业化运输。建立完善的多式联运枢纽场站和集疏运体系，提升货运组织水平和衔接转换效率。

三、上海市

2017 年 12 月，国务院批复《上海市城市总体规划（2017—2035 年）》，提出按照“努力当好新时代改革开放排头兵、创新发展先行者”的总要求，把上海建成卓越的全球城市，令人向往的创新之城、人文之城、生态之城，在世界范围内具有较强影响力的社会主义现代化国际大都市。

1. 推动城市更新

以提高城市活力和品质为目标，积极探索渐进式、可持续的有机更新模式，以存量用地的更新利用来满足城市未来发展的空间需求，同时做好城市文化的保护与传承，倒逼土地利用方式由外延粗放式扩张向内涵式效益提升转变，促进空间利用向集约紧凑、功能复合、低碳高效转变。

2. 优化空间布局

形成“一主、两轴、四翼；多廊、多核、多圈”的市域总体空间结构。突出交通系统骨架引导，以区域交通廊道引导空间布局，形成“枢纽型功能引领、网络化设施支撑、多方式紧密衔接”的交通网络。

3. 发展公共交通

构建由铁路、城市轨道、常规公交和辅助公交等构成的多模式公共交通系统，形成城际线、市区线、局域线等3个层次的轨道交通网络，同时预控研究若干轨道交通通道。中心城确立公共交通在机动化出行中的主导地位，至2035年，公共交通占全方式出行的比例达到50%以上，绿色交通出行比例达到85%。

4. 打造慢行交通

完善安全通达的骑行网络和舒适便捷的步行活动区域，逐步恢复禁行道路的非机动车通行权。在中心城、新城完善人行道、非机动车道为主的慢行网络，提高慢行网络的连续性和功能性。采取分隔、保护和引导措施，保障慢行交通安全性。结合轨道交通站点和公共活动中心，设立步行通道、非机动车停车泊位，形成“B + R”立体慢行换乘系统。结合滨江等公共开敞空间，设置独立慢行通道。

5. 完善静态交通

遵循“总量控制、适度供给”的发展原则，完善静态交通配置要求，加强停车设施的社会共享。制定分区差别化静态交通政策，严格控制主城区停车供应，尤其是城市公共活动中心的停车规模，适当满足新城、新市镇的停车需求，继续加强车辆拥有和使用管理，引导对私人小汽车的合理使用。

6. 构建城镇社区生活圈

按照15分钟步行可达的空间范围，结合街道等基层管理需求划定，平均规模约3 ~ 5平方公里。突出功能复合和职住平衡，集中配置社区服务功能，为市民提供就近就业空间和机会；以500米步行范围为基准，划分包含一个或多个街坊的空间组团，配置日常基本保障性公共服务设施和公共活动场所。按照街区制的模式控制街坊尺度，创造活力街道界面，成为引导城市有机更新的空间组织模式。

7. TOD发展导向

聚焦开放式街区，建设TOD社区，构建高密度、小尺度的街道网络和完整的低碳步行网络。依托轨道交通站点和公交换乘站，综合设置社区行政管理、文体教育、康体医疗、福利关怀、商业服务网点等公共设施。围绕社区公交站点，完善慢行接驳通道和“B + R”设施，发展共享自行车系统。次干路、支路的规划设计遵循慢行优先的路权分配原则，增加慢行空间，强化公共设施之间人性化慢行通道的连通性。推广交通稳静化措施，形成低速、低噪声的交通环境。

8. 疏解城市非核心功能

做强城市核心功能，逐步推动城市非核心功能向郊区以及更大区域范围疏解。适应全市规划建设用地总规模负增长的要求，结合城市用地结构优化和用地绩效提升，推进低效工业用地减量化。提高安全、环保、能耗、土地、产出效益等准入标准，加强长三角区域基础设施一体化建设，推动产业发展错位竞争、公共服务资源跨区域优势互补，促进科技、人才、资本、企业在城市之间自由流动、优化配置。

四、雄安新区

2018 年 4 月，党中央、国务院批复《河北雄安新区规划纲要》，提出将雄安新区作为北京非首都功能疏解集中承载地，要将其建设成为高水平社会主义现代化城市、京津冀世界级城市群的重要一极、现代化经济体系的新引擎、推动高质量发展的全国样板。在交通方面，提出构建快捷高效交通网，打造便捷、安全、绿色、智能的交通体系。

1. 优化城市空间布局

综合考虑新区定位、发展目标和现状条件，坚持城乡统筹、均衡发展、宜居宜业，规划形成“一主、五辅、多节点”的新区城乡空间布局；顺应自然、随形就势，综合考虑地形地貌、水文条件、生态环境等因素，科学布局城市建设组团，形成“北城、中苑、南淀”的总体空间格局，形成“一方城、两轴线、五组团、十景苑、百花田、千年林、万顷波”的空间意象。

2. 完善产业空间布局

坚持产城融合、职住均衡和以水定产、以产兴城原则，采取集中与分散相结合的方式，推动形成起步区、外围组团和特色小城镇协同发展的产业格局。

3. 合理布局综合交通枢纽

依托高铁、城际铁路车站，强化路网对接和多种交通方式衔接，构建综合交通枢纽，形成“两主两辅”枢纽格局。

4. 规划建设运行高效的城市轨道交通

按照网络化、多模式、集约型的原则，以起步区和外围组团为主体布局轨道交通网络，实现起步区与外围组团、城镇的便捷联系。根据新区建设步骤和人口规模、交通出行需求，有序建设轨道交通，对地铁做规划空间预留。加强规划控制并预留市域、区域轨道交通走廊空间。规划中低运量轨道交通系统，与大运量轨道交通系统衔接。

5. 构建快速公交专用通道

因地制宜构建网络化、全覆盖、快速高效的公共交通专用通道，兼顾物流配送；充分利用智能交通技术和装备，提高公交系统效率，增强安全性、便捷性和舒适度，实现高品质、智能化的公共交通和物流配送服务。

6. 科学规划路网密度

起步区外围布局交通性干道，内部按城市街道理念设计，提高路网密度，起步区路网密度达到 10 ~ 15 公里/平方公里，合理设计道路宽度。

7. 构建内外衔接的绿道网络

布局区域绿道、城市绿道、社区绿道三级网络，由城市绿道串联各综合公园、社区公园，形成城乡一体、区域联动的城市绿道体系。营造独立舒适的绿道环境，设置适宜骑行、步行的慢行系统，与机动车行驶空间相隔离，可供市民健身、休闲、娱乐。满足群众性文体活动和赛事需求，安排适宜慢行要求的各类设施。

8. 打造集约智能共享的物流体系

构建由分拨中心、社区配送中心组成的两级城乡公共物流配送设施体系，分拨中心与对外交通枢纽一体化布局，社区配送中心依托各城乡社区服务中心布局，服务新区生产生活物资及快件集散。

9. 提高绿色交通和公共交通出行比例

构建“公交 + 自行车 + 步行”的出行模式，起步区使用绿色交通方式出行比例达到90%。加强交通与用地布局协调，推广交通枢纽与城市功能一体化开发模式，在公共交通廊道、轨道交通站点周边集中布局公共服务设施。提升公共交通系统覆盖的人口数量，起步区公共交通占机动化出行比例达到80%。

10. 建立服务优质、形式多样的新型公交系统

新区布局“干线 + 普线”两级城乡公交网络，干线服务起步区与外围组团、城镇，普线连接外围组团与村镇的公交系统。起步区布局“快线 + 干线 + 支线”三级城区公交网络，快线服务区内组团间出行，干线服务组团内出行，支线灵活设置线路、站点深入社区，实现地面地下协同调度、各类公交便捷换乘的高品质服务。

11. 搭建智能交通体系框架

以数据流程整合为核心，适应不同应用场景，以物联感应、移动互联、人工智能等技术为支撑，构建实时感知、瞬时响应、智能决策的新型智能交通体系框架。

12. 建设数字化智能交通基础设施

通过交通网、信息网、能源网“三网合一”，基于智能驾驶汽车等新型载运工具，实现车车、车路智能协同，提供一体化智能交通服务。

13. 示范应用共享化智能运载工具

推进智能驾驶运载工具的示范应用，发展需求响应型的定制化公共交通系统，智能生成线路，动态响应需求。探索建立智能驾驶和智能物流系统。

14. 打造全局动态的交通管控系统

建立数据驱动的智能化协同管控系统，探索智能驾驶运载工具的联网联控，采用交叉口通行权智能分配，保障系统运行安全，提升系统运行效率。

五、成都市

2018 年 7 月，《成都市城市总体规划（2016—2035 年）》发布。提出成都城市发展的总目标是“全面体现新发展理念的国家中心城市”，城市性质是“国家中心城市、世界文化名城、具有国际影响力的文化创意中心和世界旅游目的地”，城市职能是“五中心一枢纽”，

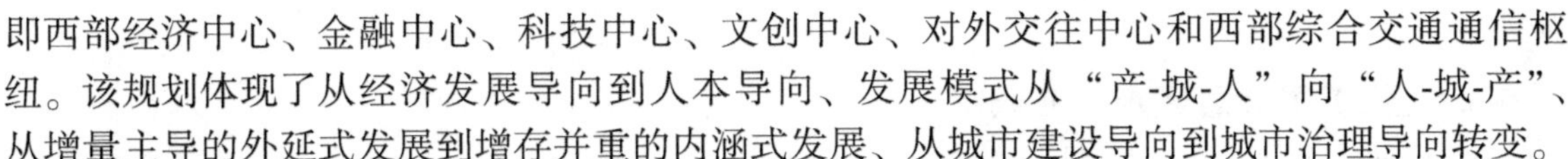

即西部经济中心、金融中心、科技中心、文创中心、对外交往中心和西部综合交通通信枢纽。该规划体现了从经济发展导向到人本导向、发展模式从“产-城-人”向“人-城-产”、从增量主导的外延式发展到增存并重的内涵式发展、从城市建设导向到城市治理导向转变。

1. 优化城市空间结构

打破圈层结构，调整中心城区范围，从“单核”向“双城”演进，形成“一心两翼三轴多中心”的市域空间结构。“一心”是龙泉山城市森林公园；“两翼”是中心城区和东部城市新区；“三轴”是南北城市中轴、东西城市轴线、龙泉山东侧沱江发展轴；“多中心”是28个国家中心城市功能中心。基于城市资源禀赋和生态本底，遵循城市发展规律，实施“东进、南拓、西控、北改、中优”差异化区域发展策略。

2. 建设美丽宜居公园城市

将成都整体建设成为一座“大公园”，以绿道为脉络、以山川为景胜、以农田为景观、以城镇为景区，实现全域公园化，绘就锦绣天府新画卷。以“一轴两山三环七带”天府绿道体系为轴，串联生态区、公园、小游园、微绿地，构建绿化网络。“一轴”即锦江绿道。自都江堰起天府新区止，全长约150公里，贯通成都全域。“两山”即依托龙泉山与龙门山的旅游资源建设的生态型绿道。“三环”即利用三环路、环城生态区、二绕郊野绿带建设的城市绿道。环城生态区内将形成约500公里环城天府绿道。“七廊”即沿着主要河道建设的7条展示天府文化、引领区域发展的绿道。

3. 构建优质均衡公共服务设施体系

构建由15分钟基本公共服务圈与重大公共设施构成的城乡公共服务设施体系。15分钟基本公共服务圈是指：在15分钟步行距离内，依托公共交通和绿地网络，建设社区综合体，形成标志性、活力性、高品质的社区中心，为辖区居民提供“一站式”的综合社区服务，解决基本公共服务需求，实现城乡全覆盖，提升宜居生活便利度。重大公共设施是指与国家中心城市的能级及核心功能相匹配的公共设施，可以提升城市能级与对外辐射能力，提升对高端人才的吸引力。

4. 构建高效绿色交通体系

一是构建“轨道+公交+慢行”三网融合的城市绿色交通系统，以轨道交通为核心优化公交和慢行网络，构建层次清晰的四级枢纽体系，促进三网融合。构建城区轨道网，承担公交主体功能；差异化布局地面公交资源，完善各类城市绿道系统。2035年，绿色交通出行分担率达85%。二是构建网络化、多层级、高标准市域快速交通体系，实现市域各级城镇间高速联系，通过3条环状高速实现内外交通转换。加密网络化快速路，实现覆盖全市的半小时交通圈。通过“六高十二快”，支撑中心城区、东部城市新区联动发展格局。三是完善城市路网体系，提高路网密度，提升道路交通通行效率。落实街区制要求，增加城区支路密度，路网密度达到8公里/平方公里，中部区域路网密度达到10公里/平方公里。促进交通“微循环”，丰富街巷的交往、展示、游憩功能，提升街道活力。

5. 轨道交通引领城市发展

通过轨道交通串联城市中心、产业功能区和特色镇，形成TOD发展模式，引领城镇产城融合发展。

6. 建设全国智慧城市示范城市

加强智慧化基础设施建设，构建先进的通信网络和智慧城市信息平台，完善智慧城市管理机制。实施“互联网+城市”行动，重点提升智慧政务、智慧出行、智慧社区建设水平。

六、深圳市

2019年，深圳市为落实《交通强国建设纲要》，公开向社会发布《深圳建设交通强国城市范例行动方案（2019—2035年）（公众咨询稿）》，提出着力打造国际性综合交通枢纽发展典范、区域交通一体化发展范例、城市交通可持续发展标杆和全球交通科技创新高地。其中关于城市交通的举措主要有：（1）重点区域开发与枢纽体系协同规划，推动“站-产-城”高质量融合发展；（2）创新都市圈交通协同发展机制，实现“产业-空间-交通”高度协同；（3）探索绿色交通发展新模式，建设多层次网络高效融合的轨道都市，构建“按需响应”的交通出行及服务体系；（4）推进集城市设计、交通设计、景观设计、智慧设计于一体的健康街道建设，打造全人群友好、全出行链无障碍的高品质街道空间；（5）优化交通运输能源结构，推动交通运营车辆电动化，建立纯电动绿色配送体系，建设低成本城市物流配送体系；（6）建立全过程交通安全保障体系，强化交通基础设施容错设计，开展安宁街区试点；（7）建立政府、社会、市场共建、共治、共享的现代化治理新体系；（8）建设数字化、网络化、智能化综合交通运输体系，推动交通基础设施规划、设计、建造、养护、运行管理等全要素、全周期数字化。

七、香港特别行政区

香港于2017年公开向社会征求《香港2030+：跨越2030年的规划远景与策略》意见（尚未正式发布）[1]，旨在更新全港发展策略，以引领香港未来规划、土地利用及基建的发展，并塑造跨越2030年的建设环境，发展愿景是成为宜居、具有竞争力及可持续发展的“亚洲国际都会”，规划目标是倡导可持续发展、以满足香港现时及未来的社会、环境及经济需要和诉求，并提出“规划宜居的高密度城市”（改造发展稠密的市区，优化新发展区）、“迎接新的经济挑战与机遇”（迎接挑战，把握新机遇）、“创造容量以达至可持续发展”（创造发展容量，提升及再生环境容量）三大规划元素。

1. 建设集约的城市

集约城市是高度可持续发展和高效率的发展模式，能为市民带来便捷、减少不必要出行，抑制无序都市扩展。集约型城市令人口、货物及服务高度集中，能有效减少占用土地、产生规模经济效益、促进信息交流、鼓励创新，以及令城市充满活力。改造发展稠密市区，并在新发展区采用适合的发展密度。透过切合需要的土地用途规划，促进互相协调的混合用

[1] 参见 http：//www.hk2030plus.hk/。

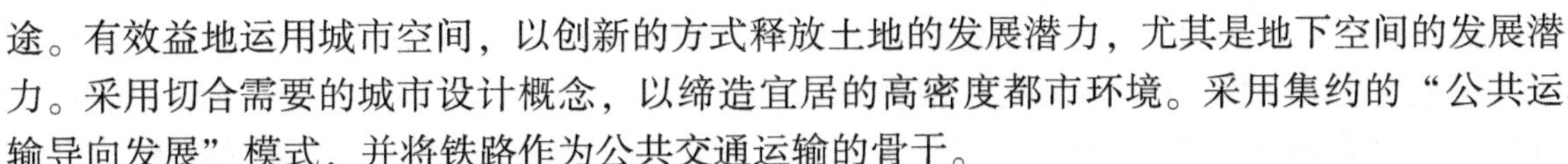

途。有效益地运用城市空间，以创新的方式释放土地的发展潜力，尤其是地下空间的发展潜力。采用切合需要的城市设计概念，以缔造宜居的高密度都市环境。采用集约的“公共运输导向发展”模式，并将铁路作为公共交通运输的骨干。

2. 构建相互紧扣的城市

城市犹如一个生态系统，不同的部分无论在实体还是功能上都是互相关联的。各个组成部分必须有良好的联系，并合理整合，方可令城市运转畅顺。全面的规划不单要综合考虑土地用途、交通和环境因素，更要让“综合”的概念涵盖联系工作地点、商业、公共设施、邻舍设施、康乐活动场所以及大自然等空间的交通系统，提升城市的流动性，以及加强实体和功能上的联系。除了提升铁路、道路和水路的联系外，更需要提供智慧的出行选择，以及推广环保出行。要把焦点放在惯常最基本、最必然的出行方式——步行。在连接性方面，加强市区内，及市区与周边乡郊、郊野和海滨地区的联系；利用更好的行人步行空间及接驳交通服务，以辅助集约化运输系统；确保乘客换乘过程中的无缝交接，以便更好地利用集约化运输系统；向行人和道路使用者提供更全面的信息，以推动智慧出行的选择。在便利行人方面，在规划、设计建筑环境和行人道路网时，注入便利行人的概念元素。便利自行车使用者，运用智慧及创新措施，在新市镇和新发展区推广“自行车友善”环境。在可达性方面，让市民能更容易到达交通设施、公共设施、邻舍设施、就业地点、康乐活动场所以及大自然。通透度，加强城市肌理的通透度，并推广符合人本比例和四通八达的街道网络。

3. 重塑公共空间及改善公共设施

公共空间既可以是“建筑物之间的空间”（例如街道、人行道、景观平台、人行天桥、广场及行人专区等），也可以是公园、平台、天台，以至郊野公园等。在香港高密度的城市生活环境下，不容易大幅度增加市民的人均私人空间。然而，无论作为聚会场所、活动或休息场所或是启发想象的地方，公共空间对提升宜居度都起着关键作用。优质的公共空间实际上是个人空间的延伸，是全民共享的“城市公共空间”，属于城市生活体验中不可或缺的一环。应提升公共空间与私人空间的协同效应。秉持全面、开放的思维，以重塑公共空间，使公共空间不仅具备其功能性，更受市民欢迎。改善政府、机构或社区公共设施的供应，例如改善或重建不符合标准的设施（例如不符合标准的校舍）；增加公共空间（例如幼儿园）供应；应对人口结构的转变（例如增设社区老年人护理设施），以提升城市的宜居度。在更新或重建人口稠密的市中心时，尽量利用机会增加公共空间，并在新发展区内预留更多公共空间。

4. 为经济增长提供足够土地和空间

提供足够的可供发展土地和空间，是香港经济目前面临的最大挑战。需要提供土地以应对目前的短缺问题及未来的需求，持续发展经济，促使香港成为区内贸易、投资及服务的基地，便利新企业进入香港，并创造新就业机会。增加土地供应，以扶助支柱产业及新兴产业，尤其是优质甲级写字楼。保留及适当地增加工业建筑。为现代工业和创新科技产业提供土地，并支援“再工业化”的新措施。提供更多合适的工作空间，供创意产业及初创企业使用。把握未来交通运输基建的机遇，增设新的旅游景点，建设更多高档酒店和会议展览设施，以及提供更多空间/场地以便为旅客带来更多元化的旅游体验。考虑旅客种类及特征在未来可能出现的变化，鼓励旅游业界在区域层面上的更多合作。提供足够的配套设施，进一步提升香港的效率，并加强功能和实体的联系。密切关注过境及离境口岸设施的承载力。加强通往各旅游景点的公共交通。进一步利用信息及通信科技和免费无线上网服务，协助企业及访港游客。

5. 创造容量以实现可持续发展

尽量降低新需求，善用现有和新建交通运输基础设施的容量。推行有效的交通管理措施，特别是针对私家车辆的增加和使用。铁路应继续维持公共交通运输系统的骨干地位，并辅以其他公共交通工具，以及步行、自行车和其他低碳交通出行方式，借此减少碳排放量。应鼓励市民尽量善用公共交通工具，以减少对私家车辆的依赖。要重塑市民日常出行的模式，促进智能型城市发展，拉近就业与居住地点之间的距离，推动步行和以自行车代步，以减少机动化出行需求。在新发展区内和传统商业核心区范围以外，划定更多用于就业的土地，以应对居住与就业地点在空间上错配的问题。应通过规划，把人口及经济活动集中于公共交通枢纽的覆盖范围内。

总结国内未来城市交通发展规划，都有以下特点：（1）坚持产城融合，疏解城市非核心功能，优化城市空间布局，推动土地混合利用，努力实现职住均衡；（2）坚持公交优先，推动 TOD 开发模式，促进公共交通融合发展，创新公共交通产品模式，提升公共交通服务水平，提升绿色出行比例；（3）坚持以人为本，建设完善慢行交通系统，保障行人通行便利，打造高品质街道空间，努力创建舒适宜居城市；（4）坚持科技引领，研发交通新产品，推广交通新技术，推动交通信息化建设，努力构建智慧交通。

第十七章

城市道路交通治理未来展望

城市道路交通的未来无法准确预测，但是可以整体判断其未来发展趋势。亚里士多德说："人们为了活着，聚集于城市；为了活得更好居留于城市。"联合国人居组织发布的《伊斯坦布尔宣言》强调："我们的城市必须成为人类能够过上有尊严的、健康、安全、幸福和充满希望的美满生活的地方。"城市，让生活更美好。交通，让城市更美好。没有美好的交通，就不会有美好的城市。

未来的城市道路交通治理必须立足国家发展战略。根据国家发展战略目标，到2035年，国家基本实现社会主义现代化，各方面制度更加完善，基本实现国家治理体系和治理能力现代化；到2050年，国家建成富强民主文明和谐美丽的社会主义现代化强国，全面实现国家治理体系和治理能力现代化。[1] 城市道路交通治理作为国家治理的一部分，必须立足国家发展战略、融入国家发展战略、落实国家发展战略，坚持实事求是、改革创新，完善城市道路交通治理基本制度，固根基、扬优势、补短板、强弱项，构建系统完备、科学规范、运行有效的城市道路交通治理制度体系，加强系统治理、依法治理、综合治理、源头治理，着力治愈"城市病"，为建设和谐宜居城市创造优质的道路交通环境。

未来的城市道路交通治理必须符合国家交通战略的要求。根据国家交通强国发展战略，到2035年，基本建成交通强国，现代化综合交通体系基本形成，智能、平安、绿色、共享交通发展水平明显提高，城市交通拥堵基本缓解，基本实现交通治理体系和治理能力现代化；到21世纪中叶，全面建成人民满意、保障有力、世界前列的交通强国，交通安全水平、治理能力、文明程度、国际竞争力及影响力达到国际先进水平，全面服务和保障社会主义现代化强国建设，人民享有美好交通服务。城市道路交通治理工作是交通强国建设的一部分，我们必须解放思想、开拓进取，推动城市道路交通治理法治化、专业化、社会化、智能化，积极构建安全、便捷、高效、绿色、经济的现代化城市道路交通体系，着力推动化解城市道路交通拥堵难题，全力促进建成交通强国。

未来的城市道路交通治理水平必将在科技助力下全面提升。科技是第一生产力，伴随着新一轮科技革命和产业变革，新技术、新产品、新业态、新产业层出不穷，将为交通基础设施、交通技术、交通服务、交通管理带来重大变革，为城市道路交通治理提供了无限可能。

---

[1] 参见中国共产党第十九次全国代表大会报告《决胜全面建成小康社会，夺取新时代中国特色社会主义伟大胜利》和《中共中央关于坚持和完善中国特色社会主义制度推进国家治理体系和治理能力现代化若干重大问题的决定》。

根据麦肯锡公司的预测，未来15~30年城市交通将发生颠覆性改变，共享移动性、汽车电气化、自动驾驶、新型公共交通、可再生能源、新型基础设施、物联网将成为七大发展趋势。[1] 科技必将助力城市道路交通治理提速发力。城市道路交通治理必须瞄准新一代信息技术、人工智能、智能制造、新材料等世界科技前沿，创新治理理念和机制，创造交通新业态，创建智慧城市交通，着力打造一流设施、一流技术、一流管理、一流服务的城市治理体系，构建城市道路交通治理现代化新格局。

未来的城市道路交通治理必须回归交通的初心和使命。人民城市人民管，人民城市为人民。加强城市道路交通治理，一切为了人民、一切依靠人民。城市道路交通治理必须坚持以人民为中心，牢牢把握“交通的目的是实现人和物的移动，而不是车辆的移动”初衷，坚守城市道路交通的初心，回归城市道路交通的本源，切实实现好、维护好、发展好最广大人民群众的城市道路交通出行权益，着力打造以人为本、安全有序、高效便捷、智慧融合、绿色低碳的城市道路交通体系，让最广大人民群众共建、共享、共治、共创美好城市道路交通环境。

未来的城市将更加美好，未来的城市交通也会更加美好。随着城市建设的不断演进，城市规划不断优化，科技应用不断创新，治理能力不断提升，现在的“城市病”必将逐步得到“治愈”，未来的城市道路交通将更加人文舒适、创新智能、科学协调、绿色低碳、多元共享、智慧精准、便捷通达、集约高效、安全和谐，必将建成人民满意、保障有力、世界前列的交通强国，为全面建成社会主义现代化强国、实现中华民族伟大复兴中国梦提供坚强支撑。

一、更加人文舒适

城市是人的城市，不是车的城市。城市不属于建筑、道路或汽车，而属于全体市民。未来的城市道路交通将处处体现以人为本的思想。未来的街道是健康街道，街道沿线景观优美，路权优先向行人和非机动车倾斜，行人有充足的步行空间，道路沿线服务设施设计人性化，道路全部无障碍化，全龄人口能够舒适步行，残障人士能够顺畅出行。在未来的交通结构中公共交通将取得“压倒性胜利”[2]，以轨道交通为骨干、以地面公交为主体、以特色公

---

[1] 参见《深圳建设交通强国城市范例行动方案（2019—2035年）》。

[2] 英国“对话”网站预测了2045年公共交通的4种愿景。（1）共享往返班车。在“共享往返班车”城市，广泛采用针对需求而设的小型公交车、“优步”式出租车和覆盖到达目的地“最后一英里”的微型模式车（比如共享单车、电动自行车和平衡滑板车）。新的环境规定意味着拥有一辆汽车要比过去更加昂贵，而且私家车仅限于郊区使用。（2）移动市场。在这一方案之下，私家车仍然主导城市交通。很多市民在分散而密集度较低的郊区生活工作，因为城市中心的住宅对大多数人来说太贵而买不起。商业供应的预先支付的个人化“移动包”有助于刺激使用各种共享移动选择，比如拼车、租用自行车和空中出租车计划。（3）连通走廊。城市有完善的换乘点以及完全一体化的行程、票务和信息系统，人们在不同的服务甚至不同的出行方式之间进行转换没有任何麻烦。出行者可以步行、骑电动自行车或乘坐根据需求而定的小型公交车前往主干道交汇处，然后乘坐高频列车穿过城镇，最后乘坐共享自动出租车到达目的地。每一种方式都有个性化、无所不知的智能手机“出行大使”软件或植入式芯片导航，根据用户使用偏好，可以设计出行时间最短或沿途路线景点最多的路线。人们不再需要私家车。（4）大量无人驾驶舱。在这种方案之下，城市人口密度低而科技发达，由各种体积的无人驾驶舱组成的车队可满足约3/4的交通需求。这些车辆已基本取代了大部分现有公共交通服务和绝大部分私家车。对于一些短程出行，人们仍然采取步行或骑行的方式。小型无人驾驶舱非常便捷，为不满足于虚拟互动的人们提供价格合理的点对点的交通方式。如果同意与他人拼车，乘客还能减少车费。小型无人驾驶舱还完全与互联网连接，按照客户需求定价和定制路线。小型无人舱让人们能够自由选择气候最宜人或住宅最便宜的工作、学习和生活地点。参见《专家预测未来公共交通四种愿景》，《参考消息》，2019年11月18日。

交为补充的城市公共交通体系科学布局、全面覆盖，连接公共交通场站的交通设施齐全完备，公众通过“公共交通 + 步行”即可便捷地抵达城市所有区域，交通出行体验和生活质量明显提升。

二、更加创新智能

科技必将主导城市交通未来。未来的城市交通工具将出现“跨越式革命”，轨道、地面、索道、管道、空中一体化交通工具将全面普及，交通工具将全面“提速”，公众出行将快速便捷、绿色智能。[1] 未来的城市道路将模块化、智能化、艺术化，交通标志、标线将通过 LED 形式在路面显示，全息影像系统将与交通信号实时协调配合，自动充电道路将与电动车辆相得益彰，道路将成为城市的一道景观。在更远的未来，城市道路将全面转型升级、革命重塑，从“平面道路”逐渐向“垂直通道”发展，地下、地面、地上、空中立体化“道路”“通道”将全面重组重构，不同方向交通流将“彻底”分离，“道路”“通道”运行速度、效率将大幅度提升，街道与城市的联系将更加紧密，全面满足市民的交通出行需求。

三、更加科学协调

城市和交通将更加紧密融合。未来的城市群、都市圈将高度聚集、更加紧密紧凑，城市规模将逐步“缩小”，城市结构将从“平面城市”将向“垂直城市”变革，城市产业布局、空间结构将“独立自成体系”，居住、工作、生活、休闲、医疗、教育将一体“浓缩”整合融入“单体巨型建筑”，“垂直邻里社区”将成为主流，各种城市功能混合集中，空间职住均衡将全面实现。未来城市的工作方式、就业模式将颠覆性重塑，多数工作将由“线下”转至“线上”、由“实体”空间转向“虚拟”空间，公众足不出户即可“网络就业”“全球谋职”“在线工作”，线下工作逐步转由“机器人”替代，城市中大规模通勤交通将必然消失，“向心交通”“潮汐交通”将成为历史，公众将无须为工作而忙碌奔波，只会为梦想而远行。

四、更加绿色低碳

美丽中国由美丽城市组成，美丽城市由绿色交通支撑。未来的城市交通将绿色低碳化，新能源、清洁能源、轻量化、环保型交通工具、交通装备将全面普及应用，“化石能源”交通工具将全面退出历史舞台，交通工具将实现“零排放”“零污染”。未来城市的慢行交通系统将被重塑，“连线成网”“连网成片”，道路设计与自然融为一体，沿线绿树成荫，林城

---

[1] 超回路运输系统、太空电梯、超空穴船艇、真空管列车、磁悬浮太空舱、太阳能子弹列车、低空飞机、飞行汽车、道路列车、单轨电车。参见微信公众号“环球物理”，2015 年 7 月 4 日，《科学家设想未来十大交通工具》。高速胶囊、核动力车、超空泡船、马丁飞行器、高速单车道、全自动车、滑翔索道、超速飞机、甲虫车、天空传输。参见“一起盘点网”，2014 年 9 月 16 日，《未来的十大交通工具有哪些》。

相融，林水相依，心旷神怡，舒适宜人，公众绿色出行、健康出行习惯逐步养成，绿色生活方式深入人心，人们将生活在“空气清新”“天蓝水碧”“蓝绿交织”的富有诗意的生态城市。

五、更加多元共享

科技将不断催生交通新业态、出行新方式。未来城市交通工具将实现“共有”，所有权和使用权将高度分离，“使用而不拥有”将成为风尚，公众将无须自行购买交通工具，只须“租用”互联网企业的交通工具即可出行。未来的城市交通是共享交通，交通工具的生产、运营、使用将“一体融合”“前后贯通”“共享共用”，定制公交、共享公交、网约车、共享汽车、在线拼车、共享单车等多元共享出行方式将全面普及，公众将有更多自主式出行选择和多样化个性出行，公共交通资源将“按需供给”“按需分配”，城市私人小汽车将失去存在意义，城市停车场也无存在必要，车辆数量将在市场调节下“逐渐减少”，交通拥堵将“自动消失”❶，城市因压缩行车和停车空间腾退出的土地将归还给全体市民、改建为服务设施、更新为生态景观，城市环境将更加美好。

六、更加智慧精准

科技将倍增提速拓展城市治理效能。未来的城市道路交通治理将升级转型，通过建设“智慧城市大脑”“智慧交通小脑”，推动大数据、云计算、互联网、物联网、人工智能、区块链等新技术深度融合，创新“互联网+”“物联网+”“大数据+”“区块链+”“人工智能+”城市道路交通治理新产品，健全“大数据+情报+指挥+勤务+考核+信号+组织+宣传+N”现代城市道路交通治理体系，将逐步建成“人治+机治+智治”的城市道路交通治理新模式，实现城市交通“全方位”“全过程”“全环节”“全链条”“全要素”“全天候”“全时段”实时动态自动自主自发监测、管理、运行、维护、研判、预警、干预、处置，实现城市道路交通治理数字化、自动化、智能化、专业化、精准化。

七、更加便捷通达

科技将不断助推城市交通方式整合，提升出行服务水准。未来的城市交通方式将高度融合、紧密衔接、互联互通，城市地铁、轻轨、地面公交、市郊铁路与机场、干线铁路、城际铁路、干线公路精准对接、无缝衔接、立体换乘。在更远的未来，地下、地面、地上、空中

---

❶ Zipcar 的创始人 Robin Chase 说：如果我们都用共享汽车出行，那么我们仅需要现机动车保有量 10% 的车就够了，通过这种方式我们完全能够，缓解交通拥堵、提升城市宜居性，快速安全地从 A 到 B 却只要付跟公交车一样低廉的价格。改善空气质量，减少二氧化碳的排放量。这是未来的汽车最振奋人心之处。以后汽车不再是个人身份的象征，而是全社会的财产。每个人都可以通过网络享用它。未来的汽车可能对骑行者、缓解交通拥堵、城市和环境都有好处，但是对那些想要靠卖出数额庞大的机动车来获取利润维持股价的公司就不一定咯。参见微信公众号“一览众山小-可持续城市与交通”，2017 年 8 月 29 日，《未来交通的 25 种可能……（三则）》。

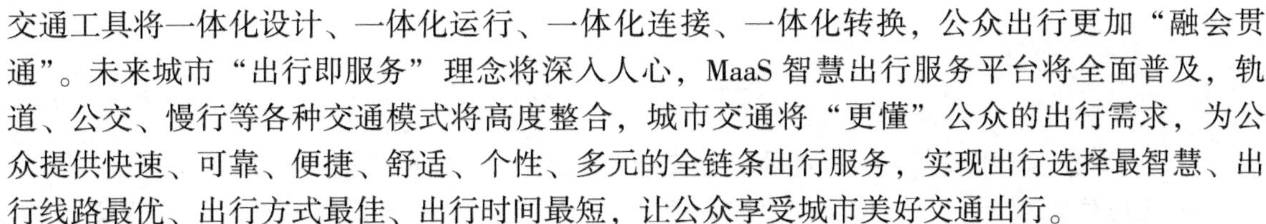

交通工具将一体化设计、一体化运行、一体化连接、一体化转换，公众出行更加“融会贯通”。未来城市“出行即服务”理念将深入人心，MaaS 智慧出行服务平台将全面普及，轨道、公交、慢行等各种交通模式将高度整合，城市交通将“更懂”公众的出行需求，为公众提供快速、可靠、便捷、舒适、个性、多元的全链条出行服务，实现出行选择最智慧、出行线路最优、出行方式最佳、出行时间最短，让公众享受城市美好交通出行。

八、更加集约高效

科技将助力推动提高城市交通运输效率。未来的城市道路交通运输将更多元、更集约、更精准、更智能、更便利、更快速、更高效，客运方式将实现“列车化”“集团化”“个性化”，容量、运速将大幅提升；货运方式将“轨道化”“管道化”“智慧化”，运量、运能将大幅增加。未来的城市交通组织将更有计划性，通过建设城市交通出行预约平台，公众出行必须提前预约出行方式、出行时间、起讫地点，城市交通出行系统将根据预约情况，自动分配路权、科学安排出行、实时调整线路、即时调控车速，避免盲目出行导致的车流过度聚集，彻底消除交通延误。

九、更加安全和谐

安全是城市交通的永恒主题和价值追求。未来的城市必定是安全的城市，未来的交通必须是安全的交通，未来的城市交通必然实现“零死亡”。未来的城市道路将更加智能，交通安全设施更加逐步实现数字化，道路安全隐患将自动探测、自动排查、自动预警、自动预防、自动消除。未来的城市车辆将更加智慧，“无人驾驶只是时间问题”，自动驾驶将全面普及，人们将从驾驶工作中解脱出来，交通出行将变成一种享受。自动驾驶将与未来城市道路智能互联、车路协同，实现车车、车路动态实时信息交互，自动实施车辆主动安全控制和道路协同管理，自动分配调整车辆道路通行权限，交通违法将“自动消失”，交通事故将“主动防范”，交通拥堵将“不复存在”，城市道路交通运行更加安全、高效、和谐，公众交通出行将更加安心、舒心、放心。

参考文献

[1] 中华人民共和国住房和城乡建设部，中华人民共和国质量监督检验检疫总局．城市综合交通体系规划标准：GB/T 51328—2019［S］．北京：中国建筑工业（计划）出版社，2019.

[2] 国家技术监督局，中华人民共和国建设部．城市道路交通规划设计规范：GB 50220—95［S］．北京：中国计划出版社，1995.

[3] 中华人民共和国住房和城乡建设部，中华人民共和国质量监督检验检疫总局．城市道路交叉口规划规范：GB 50647—2011［S］．北京：中国计划出版社，2011.

[4] 中华人民共和国住房和城乡建设部，中华人民共和国质量监督检验检疫总局．无障碍设计规范：GB 50763—2012［S］．北京：中国建筑工业出版社，2012.

[5] 中华人民共和国住房和城乡建设部，中华人民共和国质量监督检验检疫总局．道路交通标志和标线：GB 5768—2009［S］．北京：中国质检出版社，2009.

[6] 中华人民共和国住房和城乡建设部，中华人民共和国质量监督检验检疫总局．城市道路交通标志和标线设置规范：GB 51038—2015［S］．北京：中国计划出版社，2015.

[7] 中华人民共和国住房和城乡建设部，中华人民共和国质量监督检验检疫总局．城市道路交通设施设计规范：GB 50688—2019［S］．北京：中国计划出版社，2019.

[8] 中华人民共和国质量监督检验检疫总局．道路交通信号灯：GB 14887—2011［S］．北京：中国质检出版社，2011.

[9] 中华人民共和国住房和城乡建设部，中华人民共和国质量监督检验检疫总局．城市停车规划规范：GB/T 51149—2016［S］．北京：中国建筑工业出版社，2016.

[10] 中华人民共和国公安部．城市道路交通信号控制方式适用规范：GA/T 527—2005［S］．北京：中华人民共和国公安部，2005.

[11] 中华人民共和国公安部．人行横道信号灯控制设置规范：GA/T 851—2009［S］．北京：中国质检出版社，2009.

[12] 中华人民共和国国家发展和改革委员会．城市道路单向交通组织原则：GA/T 486—2015［S］．北京：中国标准出版社，2015.

[13] 中华人民共和国公安部．城市道路路内停车泊位设置规范：GA/T 850—2009［S］．北京：中华人民共和国公安部，2009.

[14] 中华人民共和国公安部．城市道路路内停车管理设施应用指南：GA/T 1271—2015［S］．北京：中华人民共和国公安部，2015.

[15] 中华人民共和国住房和城乡建设部．城市道路工程设计规范：CJJ 37—2012［S］．北京：中国建筑工业出版社，2012.

[16] 中华人民共和国住房和城乡建设部．城市道路交叉口设计规范：CJJ 152—2010［S］．北京：中国建筑工业出版社，2010.

[17] 中华人民共和国建设部．城市人行天桥与人行地道技术规范：CJJ 69—1995［S］．北京：中国建筑工业出版社，1995.

[18] 中华人民共和国住房和城乡建设部．城市快速路设计规程：CJJ 129—2009［S］．北京：中国建筑工业出版社，2009.
[19] 中华人民共和国住房和城乡建设部．建设项目交通影响评价技术标准：CJJ/T 141—2010［S］．北京：光明日报出版社，2010.
[20] 公安部道路交通安全研究中心，同济大学．城市道路交通组织管理实用手册［M］．北京：人民交通出版社股份有限公司，2017.
[21] 公安部交通管理局，公安部交通管理科学研究所．道路交通信号灯与交通标志标线规范设置应用指南［M］．北京：中国建筑工业出版社，2017.
[22] 陆化普，王长君，陆洋．城市交通拥堵机理与对策［M］．北京：中国建筑工业出版社，2014.
[23] 陆化普，罗兆广，王晶．城市与交通一体化规划：新加坡经验与珠海规划实践［M］．北京：中国建筑工业出版社，2019.
[24] 张京祥．西方城市规划思想史纲［M］．南京：东南大学出版社，2005.
[25] 吴志强，李德华．城市规划原理［M］.4 版．北京：中国建筑工业出版社，2010.
[26] 王建国．城市设计［M］．北京：中国建筑工业出版社，2009.
[27] 中国城市规划设计研究所．城市发展规律—知与行［M］．北京：中国建筑工业出版社，2016.
[28] 王殿海．城市交通控制理论与方法［M］．北京：电子工业出版社，2017.
[29] 全永燊，刘小明，等．路在何方——纵谈城市交通［M］．北京：中国城市出版社，2002.
[30] 陆锡明．亚洲城市交通模式［M］．上海：同济大学出版社，2009.
[31] 何玉宏．汽车社会与城市交通［M］．上海：上海三联书店，2012.
[32] 薛兆丰．薛兆丰经济学讲义［M］．北京：中信出版集团股份有限公司，2018.
[33] 陈振明，等．公共管理学［M］.2 版．北京：中国人民大学出版社，2017.
[34] 雅各布斯．美国大城市的死与生［M］．金衡山，译．南京：译林出版社，2010.
[35] 山中英生，等．城市交通中存在的问题及其对策［M］．张丽丽，译．北京：中国建筑工业出版社，2009.
[36] 格莱泽．城市的胜利［M］．刘润泉，译．上海：上海社会科学院出版社，2012.
[37] 范德比尔特．开车经济学［M］．徐英，译．北京：中信出版社，2009.
[38] 奥图尔．交通困局［M］．周阳，译．上海：上海三联书店，2016.
[39] 英国大伦敦政府．伦敦市长交通战略［M］．公安部道路交通安全研究中心，译．北京：人民交通出版社股份有限公司，2019.

后　记

近年来，公安部、住建部、交通运输部等部门为了破解城市道路交通拥堵难题，勇于担当，主动作为，积极探索，不断“破冰”。

2000 年，公安部、建设部联合行动，在全国城市实施道路交通“畅通工程”，部署全国建管并重，标本兼治，以提高城市道路交通管理水平为中心，集中力量解决影响城市道路交通畅通的突出问题，加快城市道路交通管理工作科学化、法制化、规范化建设的步伐，努力为城市经济发展和社会进步提供良好的道路交通环境。

随着城市道路交通管理形势的变化发展，特别是 2015 年中央城市工作会议后，公安部召开全国城市道路交通管理工作专题会议，部署全国积极探索城市交通管理新路径，构建现代警务新模式，创新理念、制度、机制、方法，不断提升城市交通治理社会化、法治化、智能化、专业化水平。

2017 年，公安部、中央文明办、住建部、交通运输部在总结“畅通工程”经验的基础上，根据城市道路交通发展新形势、新情况，进一步拓展深化了“畅通工程”，在全国实施“城市道路交通文明畅通提升行动计划”，部署全国坚持专项治理与依法治理、综合治理、源头治理、系统治理相结合，通过实施依法治理提升工程、交通组织提升工程、交通建设优化工程、交通结构优化工程、交通文明提升工程“五大工程”，不断提升城市交通现代化治理能力，为建设和谐宜居、富有活力、各具特色的现代化城市创造有序、畅通、安全、绿色、文明的城市道路交通环境。

作者参与了“城市道路交通文明畅通提升行动计划”的策划、组织、实施全过程，积累了许多城市道路交通治理理论和实践经验。本书就是对城市道路交通治理理念、思路、策略、方式、方法的系统梳理、整理、思考。

希望本书能为城市道路交通治理的决策者、实践者、研究者以及感兴趣的读者提供一些启发和帮助，共同为城市道路交通治理事业贡献自己的最大力量。由于个人能力水平有限，错漏和不足之处在所难免，真诚希望得到读者的批评指正和意见建议。

感谢公安部交通管理局李江平局长的帮助，他亲自审阅书稿并提出重要修改意见。感谢公安部道路交通安全研究中心政策规划研究室主任戴帅研究员提出修改完善意见并帮助协调本书出版。

韩书君

2020 年 1 月